TU PEUX CROIRE À L'AMOUR !

Préface de Denis Sonet

SALVATOR / *fidélité*

Préface

À un jeune qui me demandera demain (comme beaucoup d'autres dans le passé) : « Qu'est-ce qu'on est venu faire sur cette fichue terre ? », je répondrai dorénavant : « Lis ce livre, et tu comprendras très vite que nous sommes faits tout simplement pour AIMER. Que notre passage terrestre n'a qu'un sens : nous donner l'occasion d'apprendre lentement, progressivement à AIMER. Que notre cœur est appelé à s'ouvrir, puis à grandir, à se dilater merveilleusement et de plus en plus pour être capable, au soir de notre vie, d'aimer l'infini. » C'est bien là le fil rouge de ce livre : cette montée en puissance de l'Amour, de chapitre en chapitre, vers ses formes les plus sublimes : nous pouvons suivre palier par palier l'élargissement possible du cœur humain. Félicitons les auteurs d'avoir placé en premier, au départ de leur réflexion, l'amour de soi, socle indispensable pour que le cœur puisse ensuite s'ouvrir aux découvertes de l'amitié, puis aux joies de l'amour du couple, avant de s'élever vers les richesses de la famille et du pardon, puis, toujours plus loin, toujours plus haut, vers la rencontre de tous nos frères en humanité, de tous nos frères en particulier affrontés à la souffrance.

Même si le climat général de ces pages nous emporte vers une vision positive, exigeante et « chouette » de l'amour, il ne s'agit en rien d'un traité sur le sujet ni de réflexions éthiques. Le jeune qui lira ces pages ne se sentira pas piégé dans une morale de mise en garde ou dans l'idéologie de l'amour idyllique. Il ne sera pas submergé de directives à caractère religieux, mais simplement accompagné par quelques phrases bien choisies de l'Écriture, jetant discrètement sur le problème un rai de lumière. Par contre, le jeune se sentira rejoint par de très nombreux témoignages, des témoignages si différents les uns des autres d'ailleurs au point de fournir une occasion unique de réflexion et de discussions entre jeunes. Il se reconnaîtra dans tous ces visages si simples mais si beaux, si ordinaires et lumineux à la fois, tellement différents de ces silhouettes sophistiquées de la presse de charme. Il savourera les textes d'écrivains et de chanteurs célèbres, ces textes souvent bien connus mais qu'on aime justement savoir où retrouver au besoin. Si bien qu'en lisant ce livre, seul le titre « Tu peux croire à l'amour ! », me laisse un peu insatisfait... je dirais tellement plus volontiers : « Tu dois croire à l'amour ! »

Denis Sonet

Sommaire

1

S'AIMER SOI-MÊME

Au fond,
peut-être
ai-je peur
de l'autre
parce que
je doute de moi
ou ne me
connais pas ?
Ou encore
parce que
je ne m'aime pas
vraiment,
telle
que je suis ?
On pourrait
ne pas m'aimer.
Alors,
ne vaut-il
pas mieux
me cacher ?

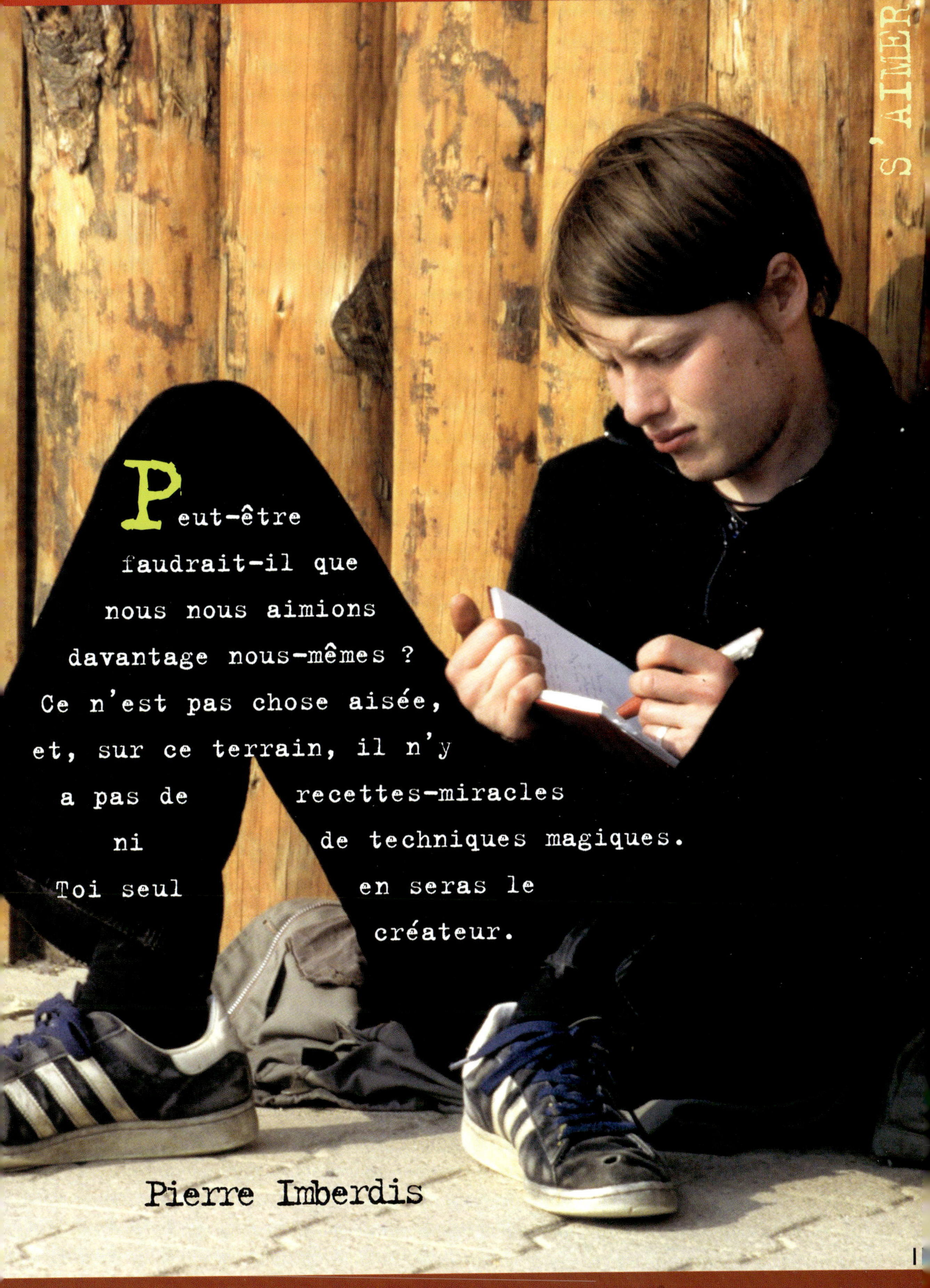

Peut-être
faudrait-il que
nous nous aimions
davantage nous-mêmes ?
Ce n'est pas chose aisée,
et, sur ce terrain, il n'y
a pas de recettes-miracles
ni de techniques magiques.
Toi seul en seras le
créateur.

Pierre Imberdis

IL Y A EN TOI UNE MERVEILLE

Au centre du village, un énorme bloc de pierre informe défigurait toute la place. On ne savait même plus d'où il venait. Un jour, ce fut décidé : il fallait l'ôter. Mais un sculpteur passa par là et apprit la nouvelle. Il vint se proposer : « Je peux faire de ce rocher une œuvre d'art dont vous serez fiers. » Marché fut conclu et, pendant des semaines, derrière la palissade qui entourait le bloc de pierre, on l'entendit travailler. Vint enfin le jour où l'on put dévoiler la sculpture et l'on découvrit un magnifique cheval. Applaudissements. Un enfant interrogea le sculpteur : « Comment savais-tu qu'il y avait un cheval dans ce bloc de pierre ? » Il y a en toi une merveille qui mérite toute ton estime. La découvrir est parfois un long travail derrière une palissade.

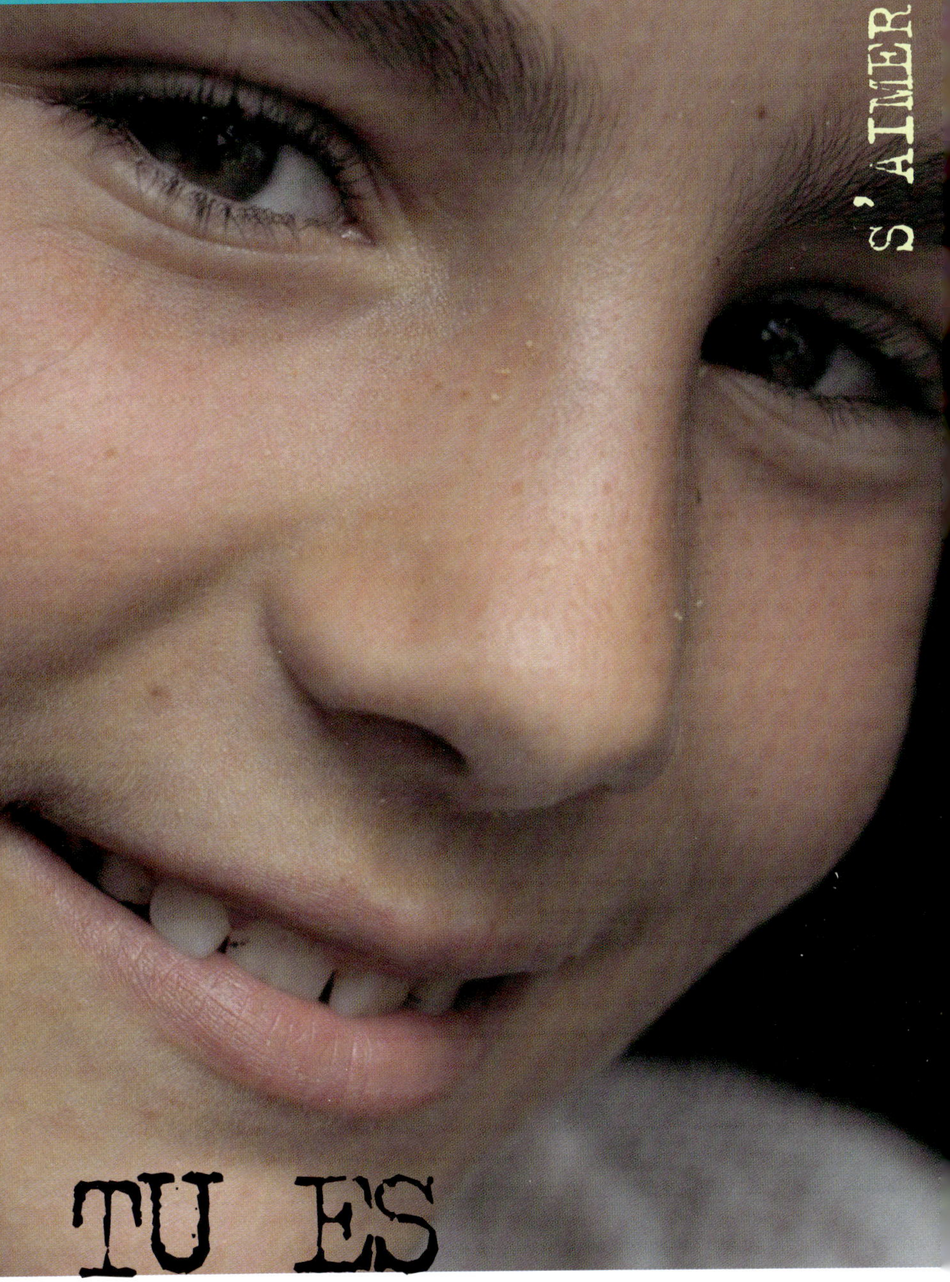

TU ES UN CADEAU, UN CADEAU MERVEILLEUX

« Celui-là, c'est pas un cadeau ! » Voilà ce que j'ai par hasard entendu dire, et cela dans mon dos, moi qui avais pourtant tout fait pour ressembler à un beau paquet-cadeau. Est-ce la part d'adolescence en moi ou l'envie de la contestation qui m'a fait dire aussitôt : « C'est faux, je suis un cadeau et un cadeau merveilleux. C'est vrai, mon plus beau cadeau, c'est moi » ? À partir de ce jour, j'ai découvert que pour être un cadeau pour les autres, il fallait que je le sois peut-être d'abord pour moi-même. Alors je me suis invité et j'ai ouvert chez moi, je suis entré à l'intérieur, je me suis dit « Bonjour ! » Et j'ai habité chez moi. Je me suis accueilli de mes propres mains. J'ai pris le temps de laisser chanter mon souffle. J'ai écouté murmurer en moi ma petite musique, de jour comme de nuit.

Le plus grand défaut :

Le plus grand besoin : le bon sens

Le plus grand handicap : la peur

Le plus beau jour : aujourd'hui

La plus grande erreur : abandonner

LES 10 COMMANDEMENTS DE LA VIE

Anne Tardy

l'égoïsme

Le plus beau sentiment : l'amour

La chose la plus facile : se tromper

La pire banqueroute : le découragement

Le plus bas sentiment : la jalousie

Le plus beau présent : le pardon

NE TE DÉCOURAGE PAS

Robert Loesel

Si tu es las et que la route te paraît longue ;
Si tu t'aperçois que tu t'es trompé de chemin ;
Ne te laisse pas couler au fil des jours et du temps :

RECOMMENCE

Si la vie te semble absurde ;
Si tu es déçu par trop de choses et trop de gens ;
Ne cherche pas à comprendre pourquoi :

RECOMMENCE

Si tu as essayé d'aimer et d'être utile ;
Si tu as connu la pauvreté et les limites ;
Ne laisse pas là une tâche à moitié faite :

RECOMMENCE

Si les autres te regardent avec reproche ;
S'ils sont déçus par toi ou irrités ;
Ne te révolte pas, ne leur demande rien :

RECOMMENCE

Car l'arbre rebourgeonne
en oubliant l'hiver,
car le rameau fleurit
sans demander pourquoi,
car l'oiseau fait son nid sans songer à l'automne,
car la vie est espoir et recommencement...

Si tu ne
ressens
plus l'envie de vivre,
ne pense pas qu'elle
ne reviendra plus jamais,
détrompe-toi !
L'espoir finit toujours
par ressurgir,
mais pas toujours
où et quand on l'attend.
Tu es un être irremplaçable
et d'une valeur inestimable
aux yeux de ceux qui t'aiment.
Tel que tu es, tu es digne
d'un énorme amour.
Cela, ne l'oublie jamais !

Skaline

NI HÉRISSON

Claire Ruwet

Comment être soi
et non le simple reflet d'un autre ?
Et si, au lieu de piquer comme le hérisson
ou de se faire marcher dessus comme le paillasson
par peur des autres,
on voyait les choses sous un autre jour ?
Et si, au lieu de fonctionner dans l'opposition,
on mettait notre énergie dans ce à quoi nous disons OUI ?

Se permettre de dire non
à quelqu'un, sans agressivité,
c'est dire OUI à autre chose,
oui à soi.

NI PAILLASSON NI PAILLASSON

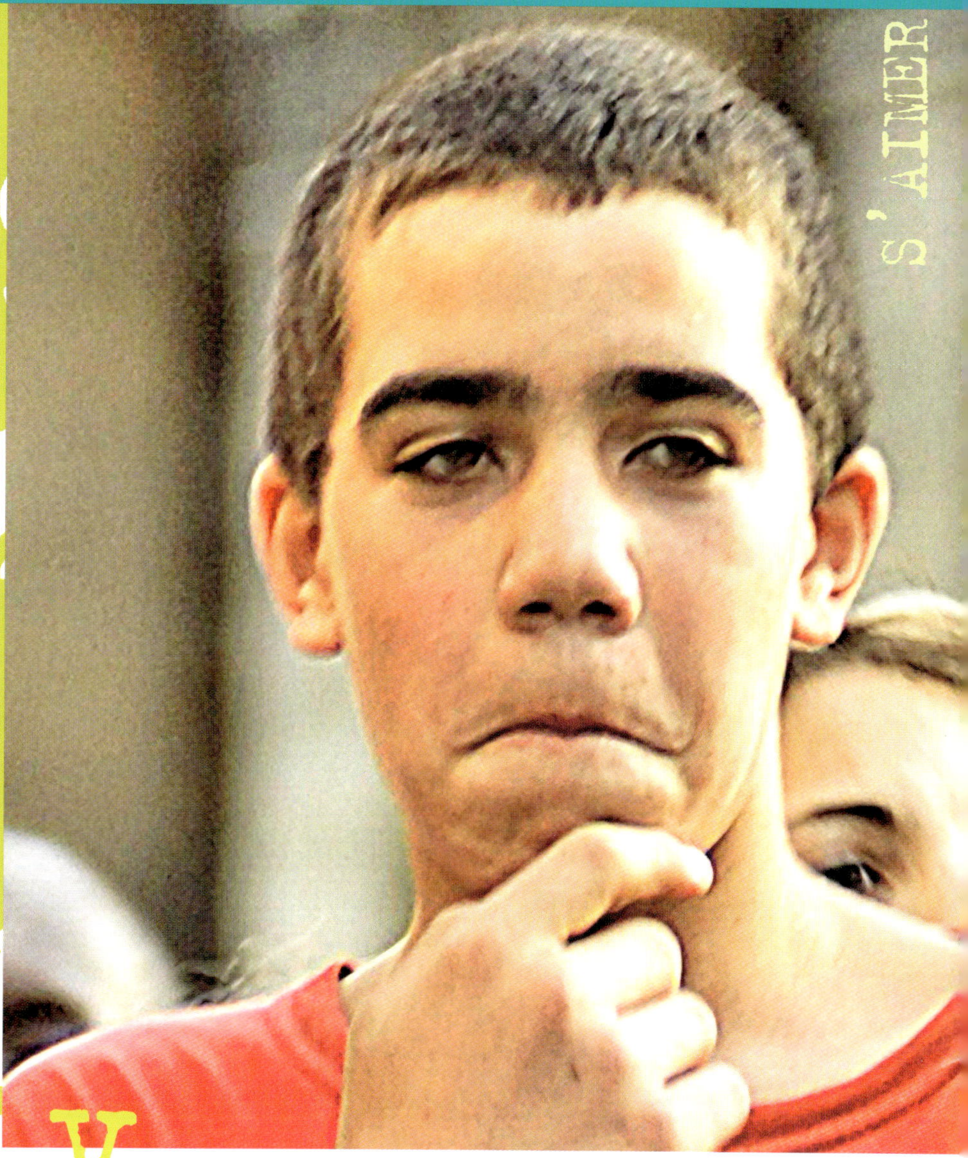

Jacques Salomé

Vivre la vie au quotidien suppose combien d'héroïsme, de courage et de risques pour rester fidèle à soi-même, à ses engagements ou, plus simplement, pour maintenir un accord entre ce que je sens et ce que je vis, entre ce que je dis et ce que je fais. S'affirmer m'a toujours paru un des actes les plus nécessaires, les plus salutaires et les plus essentiels mais aussi les plus difficiles et les plus angoissants car soumis à de multiples interrogations : « Ai-je le droit de dire cela ? L'autre n'a-t-il pas raison ? » Que d'énergie à mobiliser, que de cohérence et de constance à garder pour maintenir le respect de soi, arrêter de se laisser définir par l'autre et s'affirmer dans sa différence.

CE QUI COMPTE...

Anthony de Mello

Le petit garçon noir examinait le vendeur de ballons, à l'exposition agricole. L'homme était manifestement bon vendeur, parce qu'il laissa aller un ballon rouge haut dans les airs, attirant par là une foule de jeunes clients potentiels. Plus tard, il libéra un ballon bleu, puis un jaune, puis un blanc. Ils s'élevèrent tous haut dans les airs, puis disparurent. Le petit Noir resta longtemps à fixer le ballon noir, puis demanda : « Monsieur, si vous laissiez aller le ballon noir,est-ce qu'il monterait aussi haut que les autres ? »

Le vendeur adressa à l'enfant un sourire entendu. Il brisa la ficelle qui retenait le ballon noir et, pendant que celui-ci s'élevait dans les airs, dit : « C'est pas la couleur, mon garçon, c'est ce qui est à l'intérieur qui le fait monter. »

LA CONFIANCE

TÉMOIGNAGE

de : Justine

« C'est quelque chose qui s'acquiert ! À l'adolescence on se cherche, on essaie d'avoir des repères.
Pour l'instant je divise mon corps en deux parties : le physique et le moral. Physiquement je me trouve laide car c'est l'âge de l'acné ! Même si, comme le dit si bien ma maman, j'ai un corps de mannequin, mon avis ne change pas.
Par contre, du côté moral, je me préfère ! Je sais que je suis aimable, serviable, courageuse... Même si parfois mon caractère prend le dessus. Je sais que je suis appréciée pour ce que je suis intérieurement et pas pour ce que je suis extérieurement. En conclusion, j'ai quand même à moitié confiance en moi, ce qui est un bon début. »

Pauvre corps lorsqu'il se laisse définir par la mode et
le commerce de vêtements, aliments et cosmétiques.
Pauvre corps lorsqu'il doit contenir, malgré lui, toutes
les colères et les peines que nous ne savons dire.
Pauvre corps agressé par trop de stress, de bruits,
de nuisances de toutes sortes.

Mais
Corps heureux... lorsqu'il goûte ou donne la vie.
Corps heureux... lorsqu'il vit l'instant avec attention,
respire, hume, regarde avec émerveillement,
lorsqu'il s'abandonne au plaisir des sens.
Corps heureux... lorsqu'il travaille librement et joyeusement,
lorsqu'il crée, lorsqu'il marche, court,
danse ou se repose.
Corps heureux... lorsqu'il est nourri sainement,
lorsqu'il déguste, se délecte.
Corps heureux... lorsqu'il est choyé, aimé, lorsqu'il caresse,
lorsqu'il embrasse, donne la main, touche.

BAS LES MASQUES !

Charles Delhez

Je me suis créé un personnage, une marionnette dont je tire moi-même les ficelles. Aux yeux de tous, il n'y a plus qu'elle qui existe et ma vraie personnalité, nul ne la connaît. T'avouerais-je que j'y ai pris plaisir et que je me complais dans cette double vie ? Ce soir, j'ai peur... Si un jour ma marionnette prenait trop d'indépendance ? Si un jour elle en venait à me tuer ? Déjà, je le sens, elle m'étouffe et ne me laisse plus aucune place. Je la vois jouer devant moi sans que je n'aie plus rien à lui dire. Non ce n'est pas moi... Mais parfois j'en viens à l'oublier et il n'y a plus qu'elle qui compte. N'est-ce pas plutôt à moi de la mettre à mort ?
Ne dois-je pas lâcher les ficelles avant qu'il ne soit trop tard ?
Seigneur, sans toi qui connais mon vrai visage, je n'y arriverai jamais.
Redis-moi que je peux être aimée sans que je doive jouer à quelqu'un d'autre
et que je n'aie pas besoin de me créer
un personnage pour que l'on m'aime.

Une petite fille
n'a pour tout
jouet qu'une
vieille poupée
sale et mutilée.
Quelqu'un lui
fait remarquer :
- Comme ta poupée
est laide !
Elle prend la poupée
sur son cœur,
l'embrasse et,
la tendant
à son interlocuteur,
lui dit :
- Maintenant,
elle est jolie,
n'est-ce pas ?

Henri Caffarel

TÉMOIGNAGE

de : Clément

Aime ton prochain comme toi-même

La Bible

« Depuis peu de temps, je m'en rends compte : chez moi, comme à l'école, comme dans mon village, il y a de plus en plus de personnes qui savent qu'elles peuvent compter sur moi. Surtout depuis le début de l'année dernière. Un cas m'a beaucoup touché : une copine est partie de chez elle, sans le dire, parce que son père la battait, alors, moi, j'ai pu en parler à une grande personne qui a pu l'aider. Ainsi c'est un peu grâce à moi qu'elle a pu renaître à l'espérance. Oui, c'est depuis ce jour-là que j'ai compris que n'importe qui pouvait compter pour n'importe qui, être quelqu'un pour quelqu'un. »

OSE LA VIE

Claire
Ruwet

Chacun porte
en soi ses
propres richesses
et ses propres limites.

**Si tu te compares aux images des magazines,
si tu veux être parfait dans tous les domaines…**

**la différence entre l'idéal
impossible à atteindre et la réalité
rabaissera ton estime de toi.**

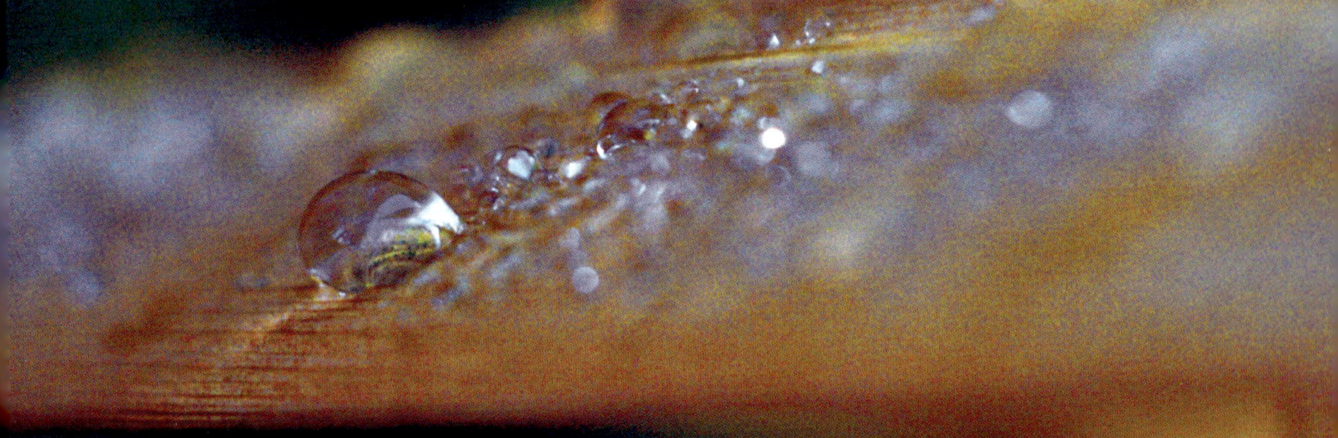

**Comme cette simple goutte d'eau
qui scintille, désaltère, lave, apporte la vie,
tu as une multitude de raisons d'être fier de toi
à condition de t'en apercevoir.**

Les actes quotidiens sont la gymnastique
d'entretien de l'estime de soi.
Agir, c'est prendre le risque de réussir.
Souvent on n'ose pas, la peur paralyse.
Et si l'on rate ? Ne voyons pas tout en noir,
échouer fait partie du jeu.

OSE L'AMOUR

On finit par se lasser de la beauté. Mais on ne peut résister au charme intérieur, surtout à l'intelligence du cœur.
... Toute façon, j'me voyais pas bouffer d'la salade et des yaourts toute ma vie !

Ma philosophie

Amel Bent

Je n'ai qu'une philosophie
Être acceptée comme je suis
Malgré tout ce qu'on me dit
Je reste le poing levé
Pour le meilleur comme le pire
Je suis métisse mais pas martyre
J'avance le cœur léger
Mais toujours le poing levé

Lever la tête, bomber le torse
Sans cesse redoubler d'efforts
La vie ne m'en laisse pas le choix
Je suis l'as qui bat le roi
Malgré nos peines, nos différences
Et toutes ces injures incessantes
Moi je lèverai le poing
Encore plus haut, encore plus loin

Viser la Lune
Ça me fait pas peur
Même à l'usure
J'y crois encore et en cœur
Des sacrifices
S'il le faut j'en ferai
J'en ai déjà fait
Mais toujours le poing levé

Je ne suis pas
Comme toutes ces filles
Qu'on dévisage, qu'on déshabille
Moi j'ai des formes et des rondeur
Ça sert à réchauffer les cœurs
Fille d'un quartier populaire
J'y ai appris à être fière
Bien plus d'amour que de misère
Bien plus de cœur que de pierre

Je n'ai qu'une philosophie
Être acceptée comme je suis
Avec la force et le sourire
Le poing levé vers l'avenir

Dieu dit :

Vois : j'ai gravé
ton nom
sur les paumes
de mes mains.

Tu comptes beaucoup
à mes yeux
tu as du prix pour moi
et je t'aime.
Ne crains pas
car je suis avec toi.

**Le prophète
Isaïe**

Seigneur,
je te rends grâce
pour la merveille
que je suis
Tous ces trésors
au fond de moi
que tu as mis
sans faire de bruit.

**Psaume
139**

La Vie à 200%
Vie à 200%

2

ÀMIS POUR TOUJOURS

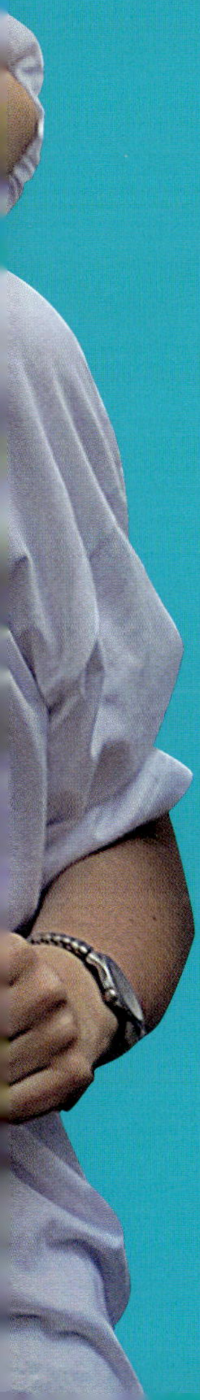

L'amitié pour moi ?

TÉMOIGNAGE

de : Magali

« Quand on a un ami, la solitude semble disparaître. Un ami est un confident à qui l'on peut tout dire, de la plus petite chose à la plus douloureuse. Il nous soutient dans nos difficultés et nous aide à avancer. »

« L'amitié n'est pas possessive, elle s'offre ! »

TÉMOIGNAGE

de : Germain

« On peut offrir à son ami ses joies, ses sourires et même ses tristesses. »

TÉMOIGNAGE

de : Audrey

« Je crois que je lui offre tout simplement moi-même, avec mes défauts, mon soutien et mon amour. C'est une complicité. »

Et l'amitié pour toi ?

TÉMOIGNAGE

de : Mathilde

« L'amitié vraie apporte du bien-être, des fous rires, des confidences et parfois des larmes. Quand on vit l'amitié, la vie semble si vraie. L'amitié, c'est en grande partie ma joie de vivre. »

« Souvent la différence
des autres nous énerve
et est pénible à supporter.
Mais dans l'amitié,
elle nous enchante. »

L'amitié pour moi,
c'est quelque
chose de sincère.
Rien ni personne
ne peut l'effacer.
C'est comme
une trace indélébile,
elle partira
peut-être mais
rien, jamais, ne
pourra me l'ôter
du cœur.
C'est comme un trésor
que l'on garde
et regarde,
un bon moment
vécu ensemble
et que l'on
veut revivre.

TÉMOIGNAGE

de : Maxime

« L'amitié, c'est partager des moments forts, des moments d'émotion, des moments de rires, tout plein d'autres moments spéciaux avec quelqu'un qui nous est assez cher et en qui on peut avoir confiance. »

Pour une amitié durable

TÉMOIGNAGE
de : Léa

« Quand on a des copines, c'est super. On est souvent ensemble, on ne se sent pas seule. Une fois, on a été trahie et celle qu'on croyait sympa et à qui on se confiait a changé de rive. Sa barque n'est plus à côté, toute proche, elle a changé et ces transformations l'ont fait dériver. Elle ne s'intéresse plus à toi et elle part dévoiler aux autres les secrets confiés. C'est un passage très dur et on a envie de jeter ses propres rames, et de subir sans mot dire solitude et rejet.

Te voilà différente des autres et tu t'interroges : « Qu'ai-je fait ? » « Qu'ai-je dit qu'elle n'a pas aimé ? » Et tu te sens écrasée, oubliée, perdue sur cette rive.
La nuit tombe dans ton cœur, tu n'existes plus pour elle et tu as déjà peur de recommencer de nouveaux amarrages. »

« La véritable amitié, je crois, sait être lucide quand il faut, aveugle quand elle doit. »

Francis Blanche

TÉMOIGNAGE

de : Daphné

« L'amitié, la vraie, c'est fragile et solide à la fois. C'est ce qui la rend magique. Pour dire de quelqu'un qu'il est notre ami, il faut connaître cette personne depuis plusieurs années et avoir vécu beaucoup de choses avec elle. Chaque expérience vécue ensemble rend l'amitié plus solide, mais elle reste néanmoins fragile. »

Il y a toujours, en moi ou en l'autre, une part que je ne supporte pas. Je peux mener une rude bataille pour essayer de me corriger ou de le changer. Mais peut-être vaut-il mieux s'apprivoiser...

Un homme qui était très fier de son parterre se retrouva aux prises avec une quantité impressionnante de pissenlits. Il essaya toutes les méthodes pour s'en débarrasser. Mais ils étaient toujours là. Finalement, il écrivit au ministère de l'Agriculture. Il fit part de tous les moyens qu'il avait utilisés et demanda : « Qu'est-ce que je dois faire, maintenant ? » La réponse vint, par retour du courrier : « Nous vous conseillons d'apprendre à les aimer. »

Que tu me comptes pour ami me suffit.

Je ne peux donner des solutions à tous les problèmes de ta vie ni répondre à tes doutes et tes craintes ; mais je peux t'écouter et essayer de chercher avec toi. Je ne peux changer ni ton passé, ni ton futur, mais quand tu auras besoin de moi, je serai avec toi ; je ne peux éviter que tu tombes, mais seulement t'offrir ma main pour que tu t'accroche et puisses te relever. Je ne peux t'épargner la souffrance qui te brise le cœur, mais je peux pleurer avec toi et t'aider à recueilli les morceaux pour les rassembler à nouveau. Je ne juge pas tes décisions, je me contente de t'appuyer, te stimuler et t'aide si tu me le demandes. Tes joies, tes triomphes et tes succès ne sont pas les miens, mais je me réjouis sincèrement quand je te vois heureux. Je ne veux pas fixer des limites à ton action, mais je peux t'offrir l'espace dont tu auras besoin pour grandir. Je ne peux te dire qui tu es, ni qui tu devrais être, mais seulement t'aimer comme tu es et être ton ami(e)…

Aujourd'hui j'ai prié pour toi...

Aujourd'hui, j'ai prié pour toi... Aujourd'hui, je me suis souvenu de mes amitiés les plus précieuses. Je suis une personne heureuse : j'ai plus d'amis que je ne pouvais l'imaginer. Je vois le brillant de leurs yeux, le sourire spontané et la joie qu'ils éprouvent quand ils me voient. Et quand je les vois, quand je leur parle, je suis comblé(e) de paix et d'allégresse. Aujourd'hui, j'ai pensé à mes amis et parmi eux, tu es apparu(e). Tu n'étais pas en haut, ni en bas, ni en tête de liste, ni à la fin. Tu n'étais pas le premier numéro, ni le dernier. Ce que je sais, c'est que tu dépassais les autres par une qualité que tu étais le(la) seul(e) capable de transmettre et par laquelle depuis longtemps tu ennoblis ma vie.

Je n'ai pas non plus la prétention d'être le premier, le second ou le troisième de ta liste. Que tu me comptes comme ami(e) me suffit. Alors, j'ai compris que réellement nous sommes des amis. J'ai fait donc ce que tout bon ami fait pour l'autre : j'ai prié... Et j'ai remercié Dieu de m'avoir offert ce cadeau d'un(e) ami(e) comme toi. Ce fut une prière de remerciement, car tu donnes de la valeur à ma vie !

d'après Jorge Luis Borges

Amitié garçons - filles

TÉMOIGNAGE

de : Simon

« Il vaut mieux ne pas sortir avec sa meilleure amie, car cela risque de tout gâcher. »

TÉMOIGNAGE

de : Augustin

« J'ai l'impression de tomber amoureux de quelqu'un que je considère comme ma meilleure amie, et je ne sais que faire. »

TÉMOIGNAGE
de : Isabelle

« Je me demande comment je dois réagir et quel doit être le comportement à adopter quand on a "un faible" pour un ami de longue date. »

PAROLE DE PSY

Il existe des amitiés garçons et filles teintées d'attirance équivoque : le garçon et la fille se tiennent par la main, passent des soirées sur les genoux l'un de l'autre sans aller plus loin. Ils se font des confidences, mais ne s'embrassent pas. Ils restent à mi-chemin entre l'amitié et l'amour. Ces amitiés amoureuses permettent d'essayer la gamme des sentiments, d'être au chaud dans les bras d'un ami ou d'une amie, avant de s'engager plus loin.

Et puis il y a aussi les anciens amoureux devenus amis parce que leur histoire a échoué. Pour que la séparation ne soit pas trop dure, ils la font durer sur un mode amical... une façon de s'éloigner en douceur ?

BEAU MAIS FRAGILE

Charles Delhez

Une amitié avec quelqu'un de l'autre sexe, quelle merveille ! Mais si fragile ! Boire le champagne dans une flûte de cristal est bien plus agréable que dans un gobelet en plastique, mais le cristal casse si vite !

À manier avec précaution, donc.
À l'âge d'entre deux âges, le cœur s'allume pour l'un et puis, pas encore tout à fait éteint, il brûle pour l'autre. On peut passer facilement de l'amitié à ce que l'on croit pouvoir appeler de l'amour, mais qui n'est encore qu'un émoi peut-être fugace.
Si tu tombes amoureux(se) de ton ami(e), et que tu veux en rester à l'amitié, chut !
Ne lui dis pas.
Tu risquerais de tout abîmer.
Bien sûr, cela ne passera pas inaperçu.
Mais si l'autre n'est pas désireux de s'engager dans la même voie, ta discrétion aura respecté sa liberté. L'amitié pourra continuer.
Mieux vaut une amitié réussie qu'un amour éphémère à peine ébauché et vite brisé.

Nan ! j'ai avalé un de mes portables ! Ça vibre à l'intérieur... ça doit être mon ami Foulque !
D.Foy

TÉMOIGNAGE

de : Isabelle
40 ans

« J'avais 16 ans et lui 14. J'étais partie quinze jours dans une famille pour améliorer mon anglais. Comme nous étions les seuls francophones, nous avions l'occasion de faire de grandes promenades durant lesquelles nous pouvions parler et apprendre à nous connaître. Mon ami vivait à ce moment-là des moments très durs avec ses parents qui ne s'entendaient plus. Pour ma part, j'étais amoureuse d'un autre garçon et cela ne marchait pas fort. Nous nous sommes beaucoup dévoilés et avons ainsi eu des moments privilégiés de rencontre en vérité. On avait l'impression de pouvoir tout se dire et cela en très peu de temps. Il devait commencer l'internat et cela ne l'amusait pas beaucoup. Nous nous sommes donc beaucoup écrit car nous n'avions pas l'occasion de nous voir plus de quelques fois par an. Il est devenu quelqu'un de très important pour moi et il m'apportait le point de vue masculin dans mes relations avec mes copains de l'époque. Moi je l'écoutais et l'aidais dans ses rapports avec les filles et avec ses parents. Nous avions aussi beaucoup de tendresse l'un pour l'autre ...

… Il a été un des piliers sur lequel je pouvais m'appuyer durant mon adolescence, et je crois aussi avoir été quelqu'un de très spécial pour lui. Toutes les questions que nous nous posions, nous les abordions sans tabou. A toutes les périodes de ma vie, il a été présent et nous étions si proches qu'à un moment s'est posée la question de l'amour entre nous. Ce qui nous rapprochait et ce que nous vivions sous la forme de l'amitié était tellement fort et tellement beau, nous nous connaissions tellement bien, que nous avions peur de tout perdre par une histoire d'amour qui risquait de tout gâcher.
Très vite il a apprécié mon mari, tout comme je me suis bien entendue avec sa femme. Il est devenu le parrain d'un de nos enfants et même si nos vies ne se croisent plus aussi souvent, il reste toujours quelqu'un qui a une grande importance dans ma vie aujourd'hui alors que nous avons tous deux plus de 40 ans. Nous savons que nous pouvons toujours compter l'un sur l'autre. »

D'amour ou d'amitié

Céline Dion

Il pense à moi,
je le vois, je le sens, je le sais
Et son sourire ne ment pas
quand il vient me chercher
Il aime bien me parler
des choses qu'il a vues
Du chemin qu'il a fait
et de tous ses projets

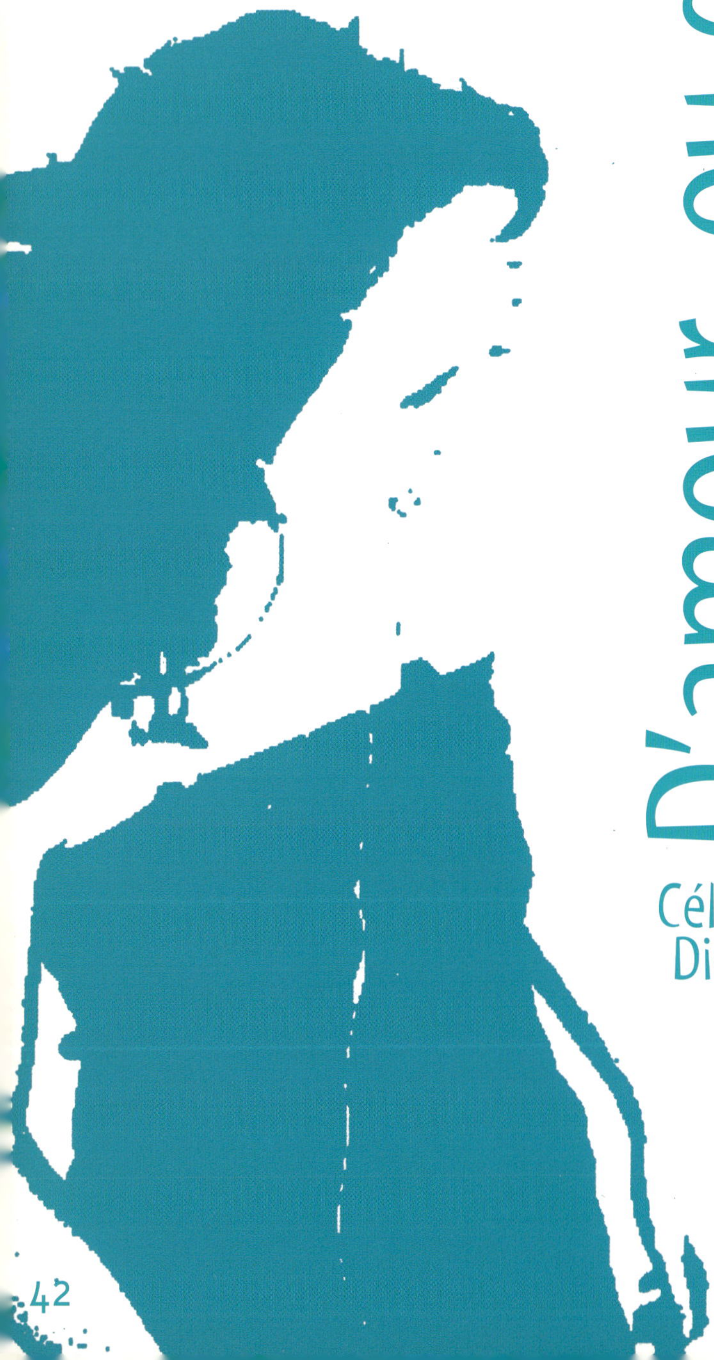

Je crois pourtant qu'il est seul
et qu'il voit d'autres filles
Je ne sais pas ce qu'elles veulent
ni les phrases qu'il dit
Je ne sais pas où je suis,
quelque part dans sa vie
Si je compte aujourd'hui
plus qu'une autre pour lui

Il est si près de moi pourtant
je ne sais pas comment l'aimer
Lui seul peut décider si on se parle
d'amour ou d'amitié

Moi je l'aime et je peux
lui offrir ma vie
Je rêve de ses bras oui mais
je ne sais pas comment l'aimer
Il a l'air d'hésiter entre
une histoire d'amour ou d'amitié
Et je suis comme une île
en plein océan
On dirait que mon cœur
est trop grand

Rien à lui dire, il sait bien
que j'ai tout à donner
Rien qu'un sourire
à l'attendre à vouloir le gagner
Mais qu'elles sont tristes les nuits
Le temps me paraît long
et je n'ai pas appris
À me passer de lui

LES BÉATITUDES DE L'AMITIÉ

Charles Delhez

Heureux les cœurs de pauvre,
Heureux ceux qui sont désencombrés d'eux-mêmes
Le royaume de l'amitié est à eux !

Heureux les doux, Ils se feront des amis !

Heureux ceux qui pleurent,
Ils reconnaîtront leurs vrais amis !

Heureux ceux qui ont faim et soif de tendresse
Par leurs amis, ils seront rassasiés !

Heureux ceux qui aiment et qui pardonnent,
Ils seront aimés et pardonnés !

Heureux les cœurs purs, en leurs amis, ils verront Dieu !

Heureux ceux qui cherchent la paix,
Ils seront appelés amis de tous !

Heureux ceux qui sont persécutés,
L'amitié est leur consolation
Et Dieu leur héritage.

Apprivoise-moi !

…Je cherche des amis. Qu'est-ce que signifie
« apprivoiser » ? dit le petit prince.
C'est une chose trop oubliée, dit le renard.
Ça signifie « créer des liens »…
Créer des liens ? Bien sûr, dit le renard. Tu n'es encore pour moi
qu'un petit garçon tout semblable à cent mille petits garçons.
Et je n'ai pas besoin de toi. Et tu n'as pas besoin de moi non plus.
Je ne suis pour toi qu'un renard semblable à cent mille renards.
Mais, si tu m'apprivoises, nous aurons besoin l'un de l'autre.
Tu seras pour moi unique au monde. Je serai pour toi unique au monde…
Je commence à comprendre, dit le petit prince. Il y a une fleur…
Je crois qu'elle m'a apprivoisé… C'est possible, dit le renard.
On voit sur la terre toutes sortes de choses… Oh ! Ce n'est pas
sur la terre, dit le petit prince. Le renard parut intrigué :
Sur une autre planète ? Oui. Il y a des chasseurs
sur cette planète-là ? Non. Ça, c'est intéressant !
Et des poules ? Non. Rien n'est parfait, soupira le renard.
Mais le renard revint à son idée : ma vie est monotone.
Je chasse les poules, les hommes me chassent. Toutes
les poules se ressemblent, et tous les hommes se
ressemblent. Je m'ennuie donc un peu. Mais, si tu
m'apprivoises, ma vie sera ensoleillée. Je connaîtrai
un bruit de pas qui sera différent de tous les autres.
Les autres pas me font rentrer sous terre. Le tien
m'appellera hors du terrier, comme une musique.
Et puis regarde ! Tu vois, là-bas, les champs de blé ?
Je ne mange pas de pain. Le blé pour moi est inutile.
Les champs de blé ne me rappellent rien.
Et ça, c'est triste ! Mais tu as des cheveux
couleur d'or. Alors ce sera merveilleux
quand tu m'auras apprivoisé ! Le blé,
qui est doré, me fera souvenir de toi.
Et j'aimerai le bruit du vent dans le blé…
Le renard se tut et regarda longtemps
le petit prince : S'il te plaît…
apprivoise-moi, dit-il !…

Antoine
de Saint-Exupéry

« Il n'y a pas
de plus grand amour
que de donner sa vie
pour ses amis. »

Jésus
de Nazareth

3

JE SUIS AMOUREUX

Amitié, attirance, désir, amour... Comment s'y retrouver ?

« Comment pourra-t-on jamais expliquer en termes de physique et de chimie, un phénomène aussi important que le premier amour ? »

Albert Einstein

TÉMOIGNAGE

de : Marine, 16 ans

« La première fois que je suis vraiment tombée amoureuse, j'avais 14 ans. Il y avait dans ma classe un gars sympa, un bon pote avec qui je rigolais bien. Et puis, je ne sais pas pourquoi, un jour, je n'ai plus su comment être avec lui. Boule dans le ventre, peur d'être moche, rage quand il rigolait avec d'autres nanas. J'ai compris que j'en étais bleue et je le lui ai dit. Il a rigolé. Depuis lors, je le déteste ! Comment est-ce possible ? »

TÉMOIGNAGE

de : Julie

« À douze ans, le surgissement de l'adolescence a été pour moi comme un raz de marée. Bouleversée intérieurement par les tensions nouvelles très fortes – désir sexuel, recherche de moi-même dans le regard des autres, besoin de paraître adulte, etc. – j'ai été aussi confrontée en camp de jeunes à une conception de l'amour (relations garçons-filles, pornographie) que je ne connaissais pas dans ma famille, très sobre sur le sujet. Ce cocktail m'a complètement déstructurée. (...) Je vivais alors selon deux principes : plus je multiplierais les expériences, plus ma vie serait intéressante ; tout, tout de suite. (...) À partir de 16 ans, j'aspirais à quelque chose de plus profond. Être aimée, tout faire pour cela. Aimer aussi. Mais je me suis vite fait piéger par le mélange des sentiments et toujours le "tout, tout de suite" et "rien demain". Au total, un champ de ruines, souvenir d'amitiés désagrégées, de grand amour tournant en eau de boudin... Rupture intérieure, traversée du désert. Pourtant, j'avais au fond de moi, depuis toujours, un grand désir d'aimer et de vivre un grand amour, définitif et radical. Mais qu'est-ce que j'en faisais ? Et comment faire ? »

Cœur de verre

Hélène Ségara

Qu'est-ce que tu sais de moi
Un sourire, un regard
Au fond on s'connaît pas
Mais t'aimes bien ce brouillard

Alors tu m'aimes les yeux fermés
Sans regarder mon cœur de verre
Tu sais j'ai peur que tu lises à travers
Mon cœur de verre
Ça peut mourir si ça reste entrouvert

Tu tournes autour de moi
Est-ce que tu m'aimes vraiment
J'veux pas savoir de quoi
Sont faits nos sentiments

Alors je t'aime les yeux fermés
Sans te montrer mon cœur de verre
Je crois qu'j'ai peur que tu lises à travers
Les cœurs de verre
Ça peut mourir si ça reste entrouvert

Qu'est-ce que tu sais de moi
De mes rêves de femme
Des moments où j'ai froid
Des secrets de mon âme

Alors tu m'aimes les yeux fermés
Sans regarder mon cœur de verre
Tu sais j'ai peur que tu lises à travers
Mon cœur de verre
Ça peut mourir si ça reste entrouvert
Ça peut mourir si ça reste entrouvert

Luc Crépy et Marie-Noëlle Fabre

TEL QUE TU ES

C'est là le véritable amour : découvrir et accepter jour après jour l'autre tel qu'il est, différent de ce que j'ai rêvé. Et c'est à partir de la première déception qu'un lien durable devient possible entre les personnes ; « Si on m'aime pour mes qualités, m'aime-t-on moi ? » (Blaise Pascal). Aimer quelqu'un, c'est apprendre à l'aimer malgré ou plutôt avec ses défauts et ses failles, sinon l'aimé idéal sera toujours à chercher ailleurs.

TÉMOIGNAGE

de : Julie

« Mon copain adore le foot, et moi je déteste. Je préfère de loin faire les boutiques ! Je crois qu'on peut s'aimer tout de même, si on fait tous les deux attention de ne pas obliger l'autre à ne faire que ce qu'on veut ! »

Être attiré

TÉMOIGNAGE

de : Kevin, 17 ans

« Moi, ce qui m'intéresse chez une fille, c'est la carrosserie ! Le reste… »

TÉMOIGNAGE

de : Magali, 18 ans

« Je tombe surtout amoureuse de gars sympas, qui me font rire. C'est tant mieux s'ils sont beaux, mais ça a moins d'importance que le caractère. »

« Ne quitte pas celui que tu aimes pour celui qui te plaît, parce que celui qui te plaît te quittera pour celle qu'il aime. »

PAROLE DE PSY

À l'adolescence, on n'est pas très sûr(e) de ses désirs. Sois patient(e). L'adolescence est une période intense d'exploration de soi. Les méandres de la vie sont si subtils qu'il serait dommage d'étiqueter sa sexualité alors qu'elle ne fait que commencer.

QU'EST-CE QUE L'HOMOSEXUALITÉ ?

Denis Sonet

1- C'est un fait : il existe une minorité de personnes qui ne sont absolument pas attirées par les personnes du sexe opposé, mais par des personnes du même sexe.

2- La cause exacte de l'homosexualité est objet de discussion : si certains experts (la plupart) pensent qu'il s'agit d'un dysfonctionnement dans l'éducation au cours de la petite enfance, d'autres penchent vers une explication physiologique : une configuration particulière du cerveau.

3- Il ne faut pas confondre l'homosexualité profonde, structurelle, et la tendance homosexuelle qui peut exister chez l'adolescent, par suite de la peur du différent. Appelons cette dernière homophilie (amour du même) plutôt qu'homosexualité : en général, elle ne s'installe pas, mais peut exiger le plus tôt possible une légère psychothérapie.

4- Les homosexuels n'y étant strictement pour rien, il est absolument inadmissible de les mépriser. Il faut savoir aussi que la pulsion homosexuelle est très forte, plus forte que la pulsion hétérosexuelle. Ils ont besoin d'être aidés plutôt que critiqués pour vivre avec leur homosexualité.

AVIS SEXO

L'homosexualité, c'est aimer une personne du même sexe que soi. On parle de tendances homosexuelles lorsqu'il n'y a pas de contact sexuel, mais seulement un désir homosexuel.

5- Les homosexuels ne sont pas d'abord des homosexuels : ils sont d'abord des êtres humains à part entière avec des qualités de cœur et d'intelligence.

6- Ceci dit, l'homosexualité ne peut être placée sur le même niveau que l'hétérosexualité : elle n'en a pas les avantages :

- la biologie montre la merveilleuse complémentarité des organes de l'homme et ceux de la femme,
- les couples hétérosexuels sont plus enclins à garder la fidélité,
- seuls, les couples hétérosexuels peuvent avoir des enfants issus de leur chair.

Communiquer...

TÉMOIGNAGE

de : Ingrid, 18 ans

« Je sortais avec Julien. Il m'a proposé de passer un week-end avec lui. Pour lui, ça voulait forcément dire qu'on ferait l'amour. Pour moi, c'était juste le plaisir d'être ensemble. Il était furieux et m'a dit que je le faisais marcher. »

TÉMOIGNAGE

de : Thierry, 17 ans

« Avec les filles, c'est difficile, on ne sait jamais quand elles disent vraiment oui ou vraiment non. »

PAROLE DE PSY

C'est parce que nous nous parlons que nous pouvons faire la différence entre l'amitié, l'amour, l'attirance, l'attrait sexuel. Communiquer, ce ne sont pas seulement des mots qu'on échange sur des idées, des théories, des opinions. C'est « me » dire, c'est « t' » entendre...
Qu'est-ce que je « sens »,
qu'est-ce que tu « sens » ?
Qu'est-ce que je « veux »,
qu'est-ce que tu « veux » ?
Vers où allons-nous ?
Pourquoi sommes-nous ensemble ?
Dans quel but ?
Qu'est-ce qui nous rend heureux ?
Comment nous témoigner notre amour ?
Qu'est-ce qui me, te, nous déplaît ?

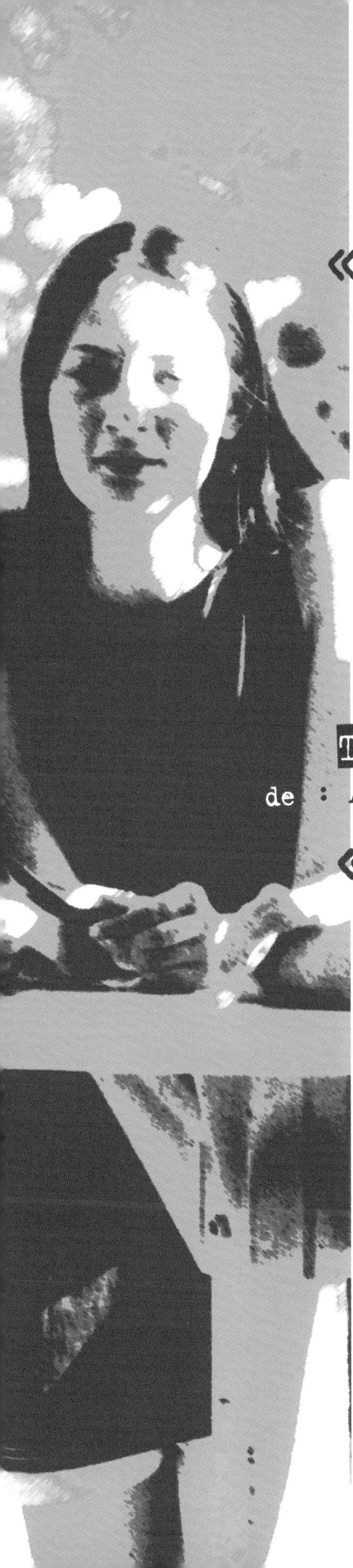

TÉMOIGNAGE

de : Carlos, 21 ans

« J'ai appris que la fille avec qui je sortais depuis six mois et qui me disait que j'étais l'amour de sa vie avait un autre Jules qu'elle voyait le week-end quand elle allait chez son père. Ca me dégoûte, ça sert à quoi de mentir ? »

TÉMOIGNAGE

de : Amélie, 17 ans

« On sortait ensemble depuis quelques mois quand on a eu une très grosse dispute. Une amie à qui j'en parlais m'a presque forcée à aller voir mon copain pour clarifier la situation. Elle trouvait que je jugeais des "attitudes", mais que je ne savais même pas dire ce qui me dérangeait vraiment. C'était bien vu, en fait. On a donc parlé, mais c'était compliqué parce que j'avais toujours peur qu'il ne rigole ou au contraire s'énerve. On croit que c'est facile de parler, mais on a souvent peur de ce qui va arriver... »

Que les gestes de votre corps soient le reflet de votre coeur.

Jean-Paul II

TÉMOIGNAGE
de : Sandrine, 16 ans

« Je marchais dans la rue et un inconnu a mis la main sur mon épaule. Quel stress ! Que me voulait-il ? Que cherchait-il ? »

TÉMOIGNAGE
de : Lydia, 20 ans

« J'aime quand mon amoureux pose sa main sur mon épaule. Je sens sa tendresse, sa force, son amour. Pour moi, les gestes physiques ne sont pas forcément sexuels : ils peuvent dire l'amour, tout simplement. »

AVIS SEXO

Un geste physique doit avoir du sens pour être ressenti positivement. Et c'est la tête qui donne le sens : un même geste, suivant qu'il est librement posé ou imposé, sera ressenti de façon tout à fait différente et même opposée ! Ce qui fait qu'une sensation me rend heureux ou non, c'est le sens que j'y vois... On peut avoir des relations sexuelles « physiquement » réussies et qui pourtant ne rendent pas heureux, car non ressenties comme une preuve d'amour.

« Rien ne ressemble moins à l'amour que cette dérisoire excitation des sens, qui produit tous les gestes de l'amour, mais où l'amour n'est pas. »

Jean Guitton

AVIS SEXO

Paule Molitor-Peffer

Le garçon et la fille doivent savoir que c'est tout à fait normal que leurs élans ne concordent pas au début. Quel dommage qu'ils commencent à se mentir, car alors ils ne pourront rien y changer.

TÉMOIGNAGE

de : Joachim, 18 ans

« Mes copains parlent de leurs exploits sexuels, mais moi je me demande si ça les rend vraiment heureux. Ils parlent de leurs copines sans tendresse aucune, juste des paquets de viande... Je ne peux pas m'imaginer être bien avec une fille si je n'ai pas des sentiments d'amour pour elle. »

AVIS SEXO

Denis Sonet

Il est essentiel que le corps apprenne à tenir le même langage que le cœur. Le flirt d'amusement où le regard et les gestes en disent plus que la réalité des sentiments manque à la vérité du corps. De même que l'attitude provocante d'une fille « plastique » promet plus qu'elle n'entend tenir.

Il est essentiel que le regard porté sur quelqu'un ne s'arrête pas qu'à son corps, mais à la totalité de sa personne. Ne voir en une femme que son corps, c'est s'arrêter à ce qu'elle a de commun avec toutes les autres : c'est laisser de côté ce qui fait qu'elle est elle-même, l'essentiel.

TÉMOIGNAGE
de : Éric, 26 ans

« Je vis avec ma copine depuis plusieurs mois et nous avons décidé de nous marier. Lors d'un week-end de préparation au mariage, j'ai pris conscience que la sexualité était presque "automatique" dans notre couple. Dès que j'en avais envie, je demandais à ma copine de faire l'amour, sans me poser la question de savoir si elle en avait vraiment envie aussi. Ca peut paraître un peu dingue, mais je ne me suis jamais imaginé que ça pouvait poser problème. J'ai découvert que l'amour, c'est beaucoup plus que la pulsion. »

PAROLE DE PSY

Et si la sexualité était bien plus que l'emboîtement de deux corps, la satisfaction de deux instincts ?

Qu'est-ce que la sexualité, finalement ? C'est une dimension très belle de l'être humain, appelée à se vivre dans une relation profonde et durable à l'autre et à soi, dans un respect mutuel, une intimité et un mystère propres à chaque couple, dans un projet ouvert à la vie. Une telle sexualité est source de vraie joie.

Prêt pour faire l'amour ?

TÉMOIGNAGE

de : Olivia, 13 ans 1/2

« J'ai une amie qui a un an de plus que moi, et qui a déjà fait l'amour avec son copain. Mon copain a 15 ans, il veut qu'on fasse l'amour nous aussi ! Il dit que, si je refuse, il y aura toujours une autre fille de son âge à son école qui voudra bien le faire avec lui ! Mais moi, je l'aime ! Si je ne l'aimais pas autant, je l'aurais lâché et je lui aurais dit : "Non, et tant pis pour toi !" En même temps, je sens que je ne suis pas prête. »

PAROLE DE PSY

Bien sûr qu'on peut tomber amoureux à 15 ans ! Et même très fort ! Vivre une intense passion... Mais on n'est pas prêt à cet âge, car c'est trop tôt pour choisir pour la vie, et donc pour promettre. On « est » amoureux, sans pouvoir « décider » de construire cet amour sur le long terme. Ces passions risquent de mourir victimes des autres choix de vie. À 15 ans, c'est vraiment le temps de l'amitié, de l'amitié garçons-filles où l'on apprend à se connaître sereinement sans se mettre la pression : « Je plais ou non ? » ; « je le fais ou non ? » Et si j'attendais ?

Ce que j'aime dans l'expression « faire l'amour », c'est justement que l'amour est à faire, et qu'il est donc loin d'être total au départ, et qu'on est comme un maçon au pied du mur.

« Faire l'amour », c'est se persuader qu'il dépend de nous de construire un avenir qui nous est promis. Qu'on va se battre jour après jour pour apporter une pierre et que le meilleur est devant, même si l'édifice ne prend pas nécessairement la forme qu'on avait prévue au commencement.

Jean Puyo et Jean Le Du

TÉMOIGNAGE

de : Carine, 17 ans

« Quand est-ce que je me sentirai prête pour faire l'amour ? Je le ferai quand je serai avec un garçon que j'aime et qu'on aura un projet de vie commune. Et même qu'on pensera à avoir des enfants plus tard. Comme ça, en cas de grossesse accidentelle, on prendra les choses plus sereinement même si ça arrive plus tôt que prévu. Je ne souhaite pas faire l'expérience d'avorter. Je ne voudrais pas non plus mettre au monde un enfant sans père pour l'accueillir. Pour moi, être capable d'accueillir un enfant à deux, c'est la condition. »

TÉMOIGNAGE

de : Julien, 19 ans

« Moi, j'attends le mariage, tout simplement. J'aurai une seule femme, pour construire avec elle une fabuleuse histoire d'amour. Eh oui ! »

Donne-moi le temps

Jenifer

Tellement de gens
veulent tellement
être aimés
Pour se donner
peuvent tout abandonner
Tellement d'erreurs
qu'on pourrait s'éviter
Si l'on savait juste
un peu patienter

Donne-moi le temps
D'apprendre
ce qu'il faut apprendre
Donne-moi le temps
D'avancer comme je le ressens
Y a pas d'amour au hasard
Ou qui arrive trop tard
J'apprendrai le temps d'attendre

Tellement de rêves
qui se trouvent gâchés
À vivre tout, juste pour s'évader
Est-ce que nos peurs valent
à ce point la peine
Pour exiger aussi peu
de nous-mêmes ?

Donne-moi le temps
D'apprendre
ce qu'il faut apprendre
Donne-moi le temps
D'avancer comme je le ressens
Y a pas d'amour sans patience
D'histoire sans y croire
Pas d'amour sans le vouloir
Si je sais que tu m'attends

Donne-moi le temps
D'avancer comme je le ressens
Y a pas d'amour au hasard
Ni de rencontres trop tard
Mais sois patient
Quand je me donne
c'est vraiment
J'attendrai que tu m'attendes
Tu auras le temps
De prendre
ce que tu veux prendre
Tu auras le temps
De nous faire
avancer ensemble
Tant de gens se cherchent
Se désirent, se suivent
et se perdent
Donnons-nous la peine
De se découvrir,
se connaître
Je ne laisserai pas
l'amour au hasard
Ni qu'il soit trop tard
Si la patience s'apprend
J'apprendrai
ce qu'est d'attendre
Je prends
Le temps
Pour que tu m'attendes
Le temps
Pour toi.

Quand l'amour fait mal...

TÉMOIGNAGE

de : Louis, 16 ans

« J'étais dingue d'une fille qui n'a jamais voulu sortir avec moi. C'est fou ce que ça fait mal, impression d'étouffer, d'éclater, d'exploser. Rage aussi de ne pas être aimé et de se sentir nul finalement... »

TÉMOIGNAGE

de : Laurie, 19 ans

« J'ai fait l'amour avec mon copain parce que j'avais peur de le perdre. Il m'a tout de même plaquée après, alors... C'est dégueulasse... Je me suis fait pigeonner comme une débile. »

CHAGRIN D'AMOUR

Denis Sonet

L'amour suppose la liberté,
même celle de se tromper.
Oser le reconnaître
et se l'avouer, c'est courageux.
Croire que l'on peut aimer deux fois,
et la deuxième plus que la première.
Ne pas rester chez soi mais sortir.
Ne pas se dorloter ni cultiver
avec délectation son malheur.
Partir, couper les ponts avec l'autre
sans se remettre sur sa route
dans un fol espoir qui ne fera que raviver la plaie.
Enterrer son rêve,
tant qu'on espère, on ne peut guérir.
Travailler, s'occuper l'esprit.
Pleurer au besoin.
Ne pas se venger sur d'autres.
Chasser systématiquement une idée
par une autre : à la longue ça marche
et les obsessions cessent.
Se soucier de son extérieur
au lieu de se laisser aller.
Ça aide à reprendre confiance en soi.
Ne pas se précipiter trop vite
dans les bras d'un autre.

On peut aimer deux fois,
mais un temps de transition
est nécessaire !

Se marier

Un jeune homme demandait un jour à son père pourquoi se marier : ne valait-il pas mieux rester libre ? L'amour est-il encore de l'amour quand il est « enchaîné » par le mariage ? Le père lui montra alors le sommet des montagnes et lui dit : « Tu vois ces sommets ? Impossible d'y aller seul : trop de ravins, de précipices, de parois abruptes… L'amour, c'est une ascension de toute une vie, magnifique, mais périlleuse. Qui veut arriver au sommet de l'amour, celui qui dépasse les difficultés, les peurs, les refus, les envies d'arrêter doit s'encorder. Seule la cordée permet de traverser les ravins les plus profonds et les plus sombres. Pour découvrir la beauté des cimes… La corde est prison ou liberté selon le sens que tu lui donnes… Le mariage est emprisonnement ou audace selon ce que tu veux vivre… Veux-tu choisir l'amour de toute une vie ? Alors, choisis la cordée… »

AVIS THEO

Se marier à l'église c'est faire de son couple une vitrine de Dieu. C'est pourquoi les croyants en font un sacrement, un clin d'œil divin.

TÉMOIGNAGE
de : Luc, 36 ans

« Je me suis marié à 27 ans. Je savais depuis toujours que je voulais fonder un "vrai" couple. Où chacun veut faire le bonheur de l'autre, pour toujours. Les aventures ne m'intéressaient pas. Ce n'est pas que les filles ne m'attiraient pas, loin de là. Je suis tombé amoureux plusieurs fois, et ce fut un combat de tous les jours, contre mes désirs, ma curiosité de «savoir ce que c'est», contre le besoin qu'on a d'être à deux et amoureux. Mais j'étais tellement motivé par mon souhait de construire quelque chose d'unique avec mon épouse que j'ai tenu bon. Ma femme a la même conception de l'amour que moi. En nous choisissant mutuellement, nous avions la quasi-certitude de ne pas nous tromper. Nous avons découvert tous les aspects de l'amour ensemble, c'était super. Si c'était à refaire, je le referais. »

TÉMOIGNAGE
de : Stéphanie, 17 ans

« Dans mon quartier, j'ai rencontré un vieux couple, ils ont plus de cinquante ans de mariage. Et ils se promènent main dans la main, c'est trop mignon ! Je leur ai dit que je les enviais, et ils m'ont répondu : "Si tu y crois, si tu le veux vraiment, tu peux... Ne te laisse pas tromper par les apparences : ton couple sera ce que tu veux qu'il soit, même si parfois ce sera dur... " Moi, depuis lors, je pense souvent à eux et je m'entraîne à aller au-delà des difficultés, dans tous les domaines de ma vie. »

Le mariage, un autre nom de l'amour

« Je t'aimerai pour toujours ! » Finalement, est-ce possible ? Oui, si le sentiment s'épanouit dans la décision de donner sa vie librement à l'autre. C'est çà le mariage. Quelle plus grande preuve d'amour ? « Je te reçois et je me donne à toi pour t'aimer fidèlement tout au long de notre vie. » Se donner à l'autre pour ne faire plus qu'un. Unité qui n'est pas fusion ou confusion mais union de deux personnes. Unité qui nous signifie quelque chose même de l'amour de Dieu.
C'est pourquoi le mariage est un sacrement. On le pressent bien : le mariage comporte bel et bien une part de sacré.
N'est-ce pas utopique ? Si le mariage est utopique, alors l'amour l'est tout autant... Mais pour y arriver, il est conseillé de s'y préparer avant. Le mariage est comme un édifice à construire, jamais achevé ; une aventure périlleuse mais pleine de sensations... Le mariage est l'autre nom de l'amour. Il est la pierre sur laquelle on peut construire une société harmonieuse, car l'amour devrait être l'âme de toute société humaine.

L'amour fou, le véritable amour, le grand amour existe, bien sûr, mais il existe dans le mariage. L'amour fou est dans le mariage comme l'arbre est dans la graine

Jacques Bourbon-Busset

Beau brun, intelligent, mignon, riche et sexy et en plus je fais le ménage...
Désolée... Je ne peux épouser que des blonds, histoire de pas penser à papa...
D. Fory

L'amour
n'est
pas seulement
un miracle né
d'une rencontre,
il est jour
après jour
ce que l'on
veut qu'il soit.
Il faut décider
de le réussir.

Martin Gray

Moi aussi, je suis amoureuse

Si Dieu existe vraiment et s'il est Amour, est-il si étrange de le voir inspirer à des jeunes gens et à des jeunes filles le désir de consacrer leur vie au service exclusif de son Royaume d'amour ? La vie des consacrés n'est pas perdue, elle est donnée.

Éric de Beukelaer

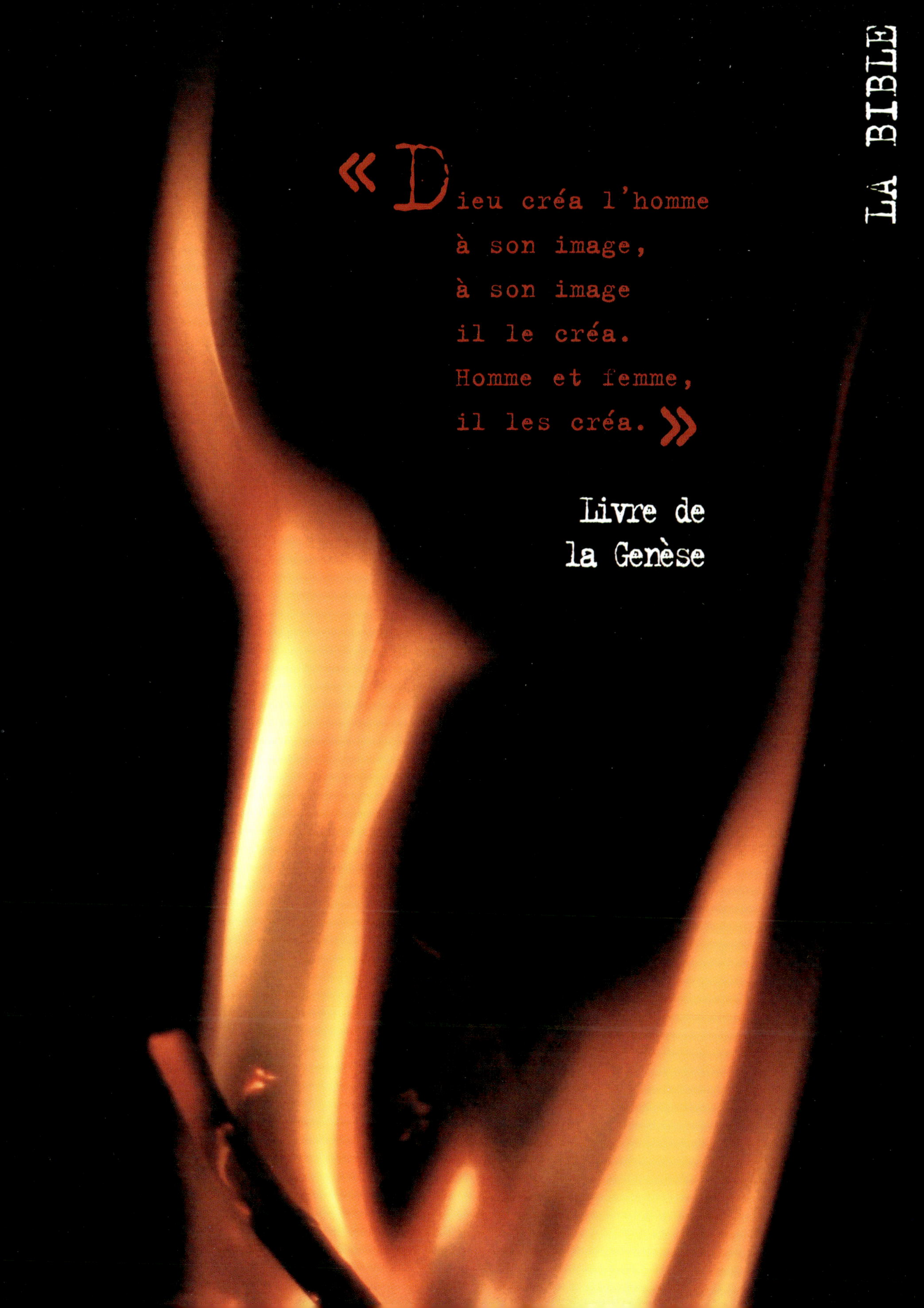
LA BIBLE
« Dieu créa l'homme
à son image,
à son image
il le créa.
Homme et femme,
il les créa. »
Livre de
la Genèse

4

DONNER LA VIE

Je désire un enfant de toi

est une façon
de dire
à l'autre :
« Je t'aime. »

Xavier Lacroix

Dès qu'un garçon regarde
une fille avec un peu d'intérêt,
dès qu'une fille n'est pas
insensible à cet intérêt,
il y a un enfant qui a envie
de venir au monde et qui vient
parfois plus vite que prévu.

Denis Sonet

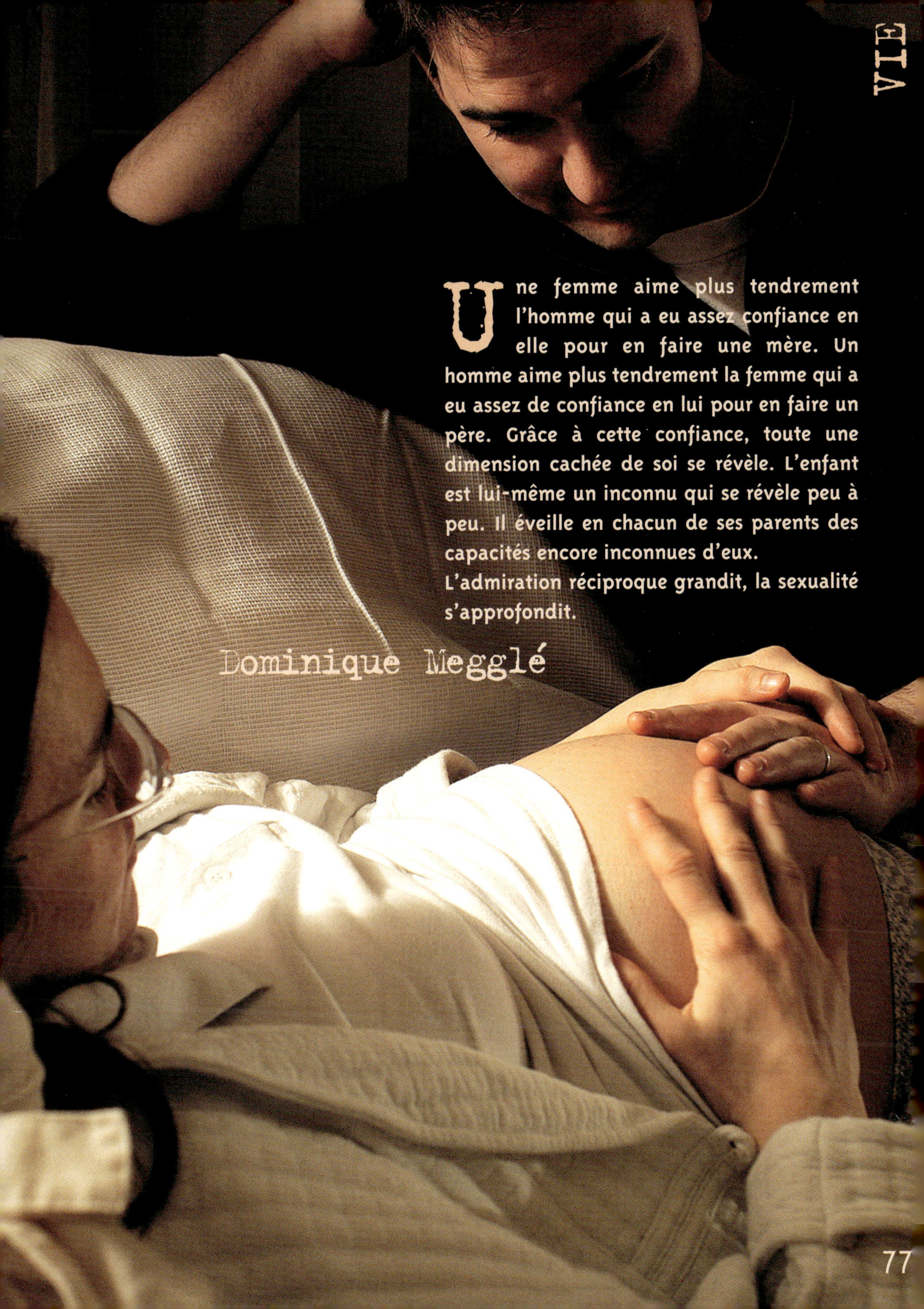

Une femme aime plus tendrement l'homme qui a eu assez confiance en elle pour en faire une mère. Un homme aime plus tendrement la femme qui a eu assez de confiance en lui pour en faire un père. Grâce à cette confiance, toute une dimension cachée de soi se révèle. L'enfant est lui-même un inconnu qui se révèle peu à peu. Il éveille en chacun de ses parents des capacités encore inconnues d'eux.
L'admiration réciproque grandit, la sexualité s'approfondit.

Dominique Megglé

La vie, c'était avant-hier
quand on te voulait,
quand tous les deux,
on t'espérait,
quand tous les deux, on t'attendait.

La vie, c'était hier
quand tu es apparue,
quand nos yeux t'ont reconnue,
quand dans nos bras, on t'a reçue.

La vie c'est
aujourd'hui,
quand tu jases et quand tu ris,
quand, parfois une larme
tremble,
quand on cherche à qui
tu ressembles.

La vie, c'est
aussi demain,
il est commencé ton destin ;
dis-nous quel chemin tu suivras
et vers quel horizon tu partiras.

Monique Chavanon

« La femme qui enfante est dans la peine
parce que son heure est arrivée.

Mais quand l'enfant est né,
elle ne se souvient plus de son angoisse,
dans la joie qu'elle éprouve du fait
qu'un être humain est né dans le monde. »

Jésus
de Nazareth

J'ai dû rater une station !
D. Foy

Comment lui dire ?

Fabienne Marsaudon

Je me demande
comment lui dire.
La journée va bientôt finir.
Dans une heure, il va arriver.
Comment vais-je lui annoncer ?

Je ne réalise pas encore
qu'à l'intérieur de mon corps,
une vie se construit lentement.
Et je vais avoir un enfant...

Toi petit homme qui grandis,
tu viens de faire en moi ton nid.
C'est tellement doux d'être si près,
tous deux dans le même secret...

Me laisseras-tu assez de jours
pour te tisser assez d'amour.
Vais-je savoir devenir mère
moi qui n'ai voyagé
qu'en solitaire ?

C'est drôle,
mais je me sens fragile.
Je n'ai plus envie d'inutile...
Comme il fait bon dans le jardin
Demain n'est déjà plus si loin...

Ton père va rire s'il rentre,
s'il me voit parler à mon ventre.

Tu me confies ton existence,
pour plusieurs longs mois
de patience.
Je te prête mon corps
pour des heures,
mais pour toujours,
tu t'installes en mon cœur.

Je veillerai sur ton avenir
et tu vas m'apprendre à grandir.
Je te donnerai tout ce
qui a fait mon bonheur.
Je poserai des mélodies
sur tes pleurs...

C'est drôle mais tu es si fragile.
Tout le reste devient futile...
Comme il fait doux dans le jardin.
Demain n'est vraiment plus très loin.
Ton père va rire s'il rentre,
s'il me voit parler à mon ventre.

Il faut déjà me pardonner
les erreurs que je ferai.
J'ai autant de choses à comprendre
que tu as de mots à apprendre.
Mais il me semble entendre un pas.
Oh, mon amour, tu étais là !
Il me tardait tant que tu rentres.
Tu vois, je parlais à mon ventre !

TÉMOIGNAGE

de : Myriam et Michel

« Mon mari et moi souhaitions une famille nombreuse et c'est donc avec joie que nous avons appris que j'attendais mon quatrième enfant. Mais à la première échographie vers onze semaines, catastrophe : il y a quelque chose d'anormal. Mon gynécologue me rassure, mais le deuxième médecin chez qui il m'envoie pour confirmation du diagnostic me dit d'avorter. Le monde s'écroule, que faire pour bien faire ? Et puis s'installe progressivement une évidence, cet enfant n'y peut rien, il a juste besoin de notre amour… Et nous décidons de le garder. Vers six mois de grossesse, un diagnostic plus précis tombe : il ne vivra pas. De nouveau, on nous propose l'avortement : à quoi servirait de continuer la grossesse alors que l'enfant va mourir ? De nouveau, une intuition d'amour : pourquoi ne pas l'accompagner vers sa mort naturelle, sans acharnement thérapeutique, faire du soin palliatif pour enfant à naître ? Il est né, puis est mort dans nos bras, paisiblement. Ca fait maintenant quinze ans et François fait bien partie de notre famille : chaque année le jour de son anniversaire et de sa mort, nous vivons une journée familiale festive. Finalement, ce qui fait qu'une vie vaut la peine, ce n'est pas qu'elle soit longue ou courte mais qu'elle soit riche d'amour. »

Je t'ai guetté, mon corps

Je t'ai guetté mon corps
Et tu as fait semblant
De retenir le sang
De mon île au trésor

Je t'ai guetté mon corps
Et sur le bout des doigts
J'ai compté les neuf mois
Qui mènent jusqu'au port.

Je t'ai pleuré, mon corps
Et le fruit s'est perdu
Quand mon ventre s'est tu
Dans sa petite mort

Je t'ai pleuré, mon corps
Mais je retournerai
Dans le jardin secret
De mon île au trésor.

Mannick

J'ai choisi la vie

recueilli par Charles Delhez

Marie a rencontré Louis à 17 ans. « Il n'y avait pas d'amour vrai entre nous, confie-t-elle. C'était une histoire de séduction. » Ce soir-là, elle était venue confier sa détresse à Louis, de dix ans son aîné, et il en a profité. « Cette relation a été très mal vécue. Sophie a été conçue dans un moment de détresse... »

Quinze jours plus tard, Marie perçoit qu'elle est enceinte. Effondrement. « Le médecin m'a longuement parlé, m'a dit que, quel que soit mon choix, il serait le bon. Il a téléphoné à un gynécologue. Quand celui-ci m'a reçue, il croyait que je venais pour un avortement. Ce fut pour moi un choc. »

À la maison, Marie fait comme si de rien n'était. À l'école, elle va trouver un de ses professeurs, un prêtre.

Il l'a laissé pleurer pendant une heure.
Et puis, elle a pu parler, exprimer ses peurs.
« Mais ton enfant va t'aider » , lui a-t-il dit.
« Par ces mots, commente-t-elle, il a donné la vie à mon enfant. »

Ses parents ont bien sûr fini par le savoir.
« La seule solution était que j'avorte, mais je m'attachais déjà à mon enfant.
Il fallait aller très vite pour décider.
J'avais quatre jours. J'ai dit que je voulais le garder. »
Cette décision a été le fruit d'une longue lutte.
Tout le monde autour d'elle, en effet, parlait d'avortement.
La nuit, elle n'en dormait plus. Mais, au cours d'une de ses insomnies,
elle a dit oui à son enfant. Mais avec Louis, ils ont cessé de se voir.

Un jour, Marie est tombée sur le numéro d'une association pour soutenir les femmes enceintes. Rendez-vous est pris. Une famille d'accueil lui est suggérée. Là, elle rencontre une autre fille enceinte de huit mois. Elle fait la découverte de la maternité. En effet, la maman de la famille d'accueil avait un enfant de trois mois qu'elle lui confiait volontiers. « Ce furent quinze jours de renaissance. »

Marie retourna alors à l'université. Ses trois derniers mois de grossesse furent heureux. « C'est ça, pour moi, les miracles. J'ai eu une force d'amour très grande pour mon enfant. L'accouchement s'est très bien passé, même s'il fut douloureux. J'ai vraiment vécu le passage. On donne la vie et on donne sa vie. On ne sait pas, en effet, si on va garder la sienne tellement la souffrance est grande. Je donnais mes dernières forces pour mon enfant. » La jeune maman se souvient encore du nouveau-né déposé sur son corps. « C'est le moment le plus beau de ma vie. » Les parents de Marie furent alors très proches, transformés par cette naissance. « Sophie, dit Marie, elle est mon sauveur. »

PAROLE DE PSY

Par idéologie et par crainte de culpabiliser les femmes, on entoure l'IVG d'une chape de silence. Nous ne sommes plus, aujourd'hui, au temps de la militance, mais de la souffrance. Peu de lieux de parole sont offerts à celles qui vivent ce qui restera toujours un drame. Le non-dit étouffe; la parole aide à grandir. Un acte important comme l'IVG, estime Monique Hébrard, doit être parlé pour le plus grand bien des femmes. Il s'agit d'humaniser une situation de détresse.

TÉMOIGNAGE

de : Jean-Marc

« C'est en devenant papa de ma petite Caroline que j'ai compris vraiment ce que veut dire que Dieu est père. »

TÉMOIGNAGE

de : Edwige

« J'ai avorté en 1996, parce que mon compagnon n'était pas prêt à assumer un enfant. Depuis, il ne s'est pas passé une seule journée sans que j'éprouve remords, regrets, honte et chagrin. Si je pouvais revenir en arrière, j'enverrais cet homme sur les roses et je garderais mon enfant pour l'aimer autant que j'aime maintenant ce petit garçon que je viens d'avoir et dont je suis folle. Mais il est trop tard, hélas. »

« L'être humain doit être respecté et traité comme une personne dès sa conception... »

Jean-Paul II

« Celui qui accueille
en mon nom cet enfant,
c'est moi qu'il accueille. »

Jésus de Nazareth

À utoriser une recherche entraînant la destruction de l'embryon, a fortiori autoriser sa production par clonage comme certains le proposent, c'est lui donner une définition de fait : celle d'un simple matériau de laboratoire. Une telle réduction utilitaire d'un être humain dans les premiers stades de son développement est inacceptable. C'est un pouvoir exorbitant de vie ou de mort sur des êtres humains que l'on s'apprête à accorder aux parents, aux chercheurs ou aux institutions de l'État. Franchir ce pas serait contraire aux principes les plus élémentaires d'une société qui se veut respectueuse de la dignité humaine. Il revient au législateur et à l'autorité politique de les défendre, et de rester libres par rapport aux pressions de toutes sortes. « L'embryon humain n'est pas une chose », et il ne peut y avoir « d'exception au respect » qui lui est dû. En refusant que l'on porte atteinte à l'intégrité de l'embryon, l'Église catholique ne veut en aucune façon être une entrave à la recherche. Elle rejoint la souffrance de tant de femmes et d'hommes qui attendent avec impatience d'être soignés et guéris de leur maladie ou de leur handicap. Elle fait confiance à la capacité de la science de progresser sans blesser la dignité humaine.

Cardinal Philippe Barbarin

QUELQUE CHOSE OU QUELQU'UN

« Chaque enfant qui naît porte en lui l'espoir que Dieu n'est pas découragé au sujet de l'homme. »

Tagore

Ce qui est important dans la vie...

TÉMOIGNAGE

de : Pierre

« **V**euf depuis deux ans, il m'arrive souvent de réfléchir sur ce qui a été important dans ma vie. J'ai beaucoup travaillé et fait une assez bonne carrière dans le commerce. Mais lorsque je pense à mon épouse, lorsque je revois nos enfants, avec leurs propres enfants, je me dis que c'est là, dans notre mariage, que j'ai le plus donné et le plus reçu. Que reste-t-il des voitures que j'ai vendues ? Tandis que le sourire de mes petits-enfants est pour moi la présence même de la vie. J'ai le sentiment qu'à travers la mort, ce qui m'unit à mon épouse demeure à jamais, je ne sais comment. Mais je n'ai pas toujours été conscient de cela. J'ai souvent cru que mon existence se justifiait par le travail et la réussite sociale alors que, maintenant, je vois que les véritables fruits de la vie ne proviennent pas de la relation aux choses mais de la fidélité aux personnes qu'il nous est donné de rencontrer et d'aimer. »

Dieu dit :

« Une femme
oublie-t-elle
son petit enfant,
est-elle sans pitié
pour le fils
de ses entrailles ?
Même si les femmes
t'oubliaient,
moi je ne
t'oublierai pas. »

Le prophète
Isaïe

5
FAMILLE CHÉRIE

CE QUE JE N'AIME PAS

Ne me laisse pas former de mauvaises habitudes. Je dois compter sur toi pour les détecter pendant que je suis jeune.

Ne me fais pas me sentir plus petit que je suis. Cela me fait agir stupidement pour montrer que je suis grand.

Ne me corrige pas en public, si tu le peux. Je comprends beaucoup mieux quand tu me parles seul.

Ne me protège pas trop des conséquences. Je dois parfois apprendre de la façon la plus dure.

Ne sois pas trop fâché quand je te dis : je te hais. Ce n'est pas toi que je hais mais ton pouvoir de commander.

Ne répète pas toujours la même chose. Si tu agis ainsi, je devrai me protéger en faisant la sourde oreille.

Ne fais pas de promesse que tu ne peux pas tenir. Je suis très déçu quand les promesses sont brisées.

N'oublie pas que je ne peux pas m'exprimer aussi bien que je le voudrais. C'est pourquoi je ne suis pas toujours précis.

Ne discute pas trop mon honnêteté. Si tu me fais peur, je raconterai des mensonges.

Ne sois pas de ceux qui changent toujours d'idées. Je deviens confus et je perds confiance en toi.

Ne me tracasse pas quand je te questionne. Si tu fais cela, je devrai trouver des réponses ailleurs.

Ne me dis pas que mes craintes sont stupides. Elles sont horriblement réelles. N'oublie pas que j'aime faire des expériences. Je ne peux pas vivre sans elles. Sois patient.

N'oublie pas que je grandis rapidement. C'est difficile de me suivre, mais essaie !

Ton fils

CE QUE J'AIME

Steve Musson

J'aimerais être Félix,
notre petit chat, pour
être moi aussi prise
dans vos bras chaque fois
que vous revenez à la maison.

J'aimerais être un baladeur,
pour me sentir écoutée
par vous deux, sans aucune
distraction, n'ayant que
mes paroles au bout de
vos oreilles fredonnant
l'écho de ma solitude...

J'aimerais être un journal
pour que vous preniez
un peu de temps
chaque jour pour
me demander
de mes nouvelles...

J'aimerais être
un téléviseur pour ne
jamais m'endormir
le soir, sans avoir été
au moins regardée
une fois avec intérêt...

À bien y penser,
je n'aimerais
être qu'une chose,
un cadeau
inestimable
pour vous deux.

Ne m'achetez rien.
Permettez moi
seulement de
sentir que
je suis aimée...

Àu fait, c'est quoi une famille ?

AVIS PHILO

La famille commence à l'enfant. Un ménage sans enfant, ce n'est pas une famille : c'est un couple. Alors qu'une mère célibataire qui élève seule son ou ses enfants, c'est évidemment une famille. On dira qu'un orphelinat, où il y a tant d'enfants, ce n'est pas une famille pour autant... Certes : c'est que les enfants y sont considérés non comme fils ou filles mais comme enfants simplement. Cela fait toute la différence, qui distingue aussi la famille de l'école. La famille, c'est la filiation acceptée, assumée, et, en tous les sens du terme, cultivée. Car la filiation est un fait de culture, autant, ou davantage, qu'un fait biologique. Deux adultes qui adoptent un enfant, c'est une famille ; un couple qui abandonne le sien, ce n'en est pas une.

André Comte-Sponville

VOS ENFANTS NE SONT PAS VOS ENFANTS

Khalil Gibran

Ils sont les fils et les filles de l'appel de la vie à elle-même ; ils viennent à travers vous, mais non de vous. Et bien qu'ils soient avec vous, ils ne vous appartiennent pas. Vous pouvez leur donner votre amour, mais non point vos pensées, car ils ont leurs propres pensées. Vous pouvez tenter d'être comme eux, mais ne tentez pas de les faire comme vous. Car la vie ne va pas en arrière ni ne s'attarde avec hier. Vous êtes les arcs, par qui vos enfants, comme des flèches vivantes, sont projetés. L'archer voit le but sur le chemin de l'infini, et il vous tend de sa puissance, pour que les flèches puissent voler vite et loin.

MERCI

Anne-Laure
Fournier Le Ray

Un jour, nous ouvrirons
nos bras et tu partiras.
Nous t'avons aidé à naître.
Maintenant, il nous faut t'aider à vivre,
t'apprendre à vivre avec nous.
Puis loin de nous, puis sans nous !
Nous devrons renoncer à toi un millier de fois.
Nous te verrons grandir et changer.
Un jour, nous ouvrirons nos bras
et tu partiras...

Votre amour a tenu,
votre amour a duré.
Contre toute vertu,
contre vents et marées.
Votre amour a fleuri,
votre amour a germé.

Entre soleil et pluie
tout au long des années.
Mon père, ma mère,
je voudrais vous remercier.
Papa, Maman,
de vous aimer simplement.

Mannick

Prendre un enfant

Yves Duteil

Prendre un enfant par la main
Pour l'emmener vers demain,
Pour lui donner la confiance
en son pas,
Prendre un enfant pour un roi.
Prendre un enfant dans ses bras
Et pour la première fois,
Sécher ses larmes
en étouffant de joie,
Prendre un enfant dans ses bras.

Prendre un enfant par le cœur
Pour soulager ses malheurs,
Tout doucement,
sans parler, sans pudeur,
Prendre un enfant
sur son cœur.

J'aimerais être votre enfant préféré...

Un jour, un calife fit venir un homme très simple, dont on lui avait dit qu'il était un sage. Pour éprouver cette sagesse le calife lui posa cette question : « On me dit que tu as de nombreux enfants ; veux-tu m'indiquer de tes enfants lequel est le préféré ? » Et l'homme de répondre :
« Celui de mes enfants que je préfère, c'est le plus petit, jusqu'à ce qu'il grandisse ;
celui qui est loin, jusqu'à ce qu'il revienne ;
celui qui est malade, jusqu'à ce qu'il guérisse ;
celui qui est prisonnier, jusqu'à ce qu'il soit libéré ;
celui qui est éprouvé, jusqu'à ce qu'il soit consolé. »

LE FIL DE LAINE

Henri Caffarel

C'est au XIXe siècle, dans une petite ville de Grande-Bretagne où l'on vient, après des mois de travail, d'achever la construction de la grande cheminée d'une fabrique. Le dernier ouvrier est descendu du sommet de la cheminée par l'échafaudage en bois. Toute la population de la petite ville est là pour fêter l'événement. Et d'abord pour assister à la chute de l'échafaudage. À peine celui-ci s'est-il effondré dans les rires et les cris qu'avec stupeur on voit surgir, du sommet de la cheminée, un ouvrier qui terminait, à l'intérieur, un dernier travail de maçonnerie... Effroi des spectateurs... Que de jours il faudra pour dresser un nouvel échafaudage, et d'ici-là l'ouvrier sera mort de froid, sinon de faim ! Sa vieille maman est là, qui se lamente... Mais voici que, tout à coup, elle se dégage de la foule, fait signe à son fils, lui crie : « John ! enlève ta chaussette ! » Tout le monde s'afflige : la pauvre femme a perdu la raison ! Elle insiste. Pour ne pas la peiner, John s'exécute. Alors, de nouveau elle crie : « Tire sur le bout de laine ! » Il obéit, et c'est maintenant toute une énorme poignée de fil de laine qu'il tient en mains. « Et maintenant, lance une extrémité du fil et garde bien l'autre entre tes doigts ! » Au fil de laine, on attache un fil de lin et le garçon, en tirant sur le fil de laine, fait monter jusqu'à lui le fil de lin. Et au fil de lin, on joint une ficelle, et à la ficelle une corde, et à la corde un câble. John n'a plus qu'à descendre, au milieu des hourras de la foule.

Bouge-toi ! ...Moi qui ai fait l'ascension du Mont-Blanc quand j'avais 17 ans !
Je me sens plus du côté du papa de papi qui comme son tonton, avait en 1870 sa fanfare perso.
D. Fey

AGRÉGÉE EN RESSOURCES HUMAINES

Un jour, une femme alla renouveler son permis de conduire. Lorsqu'on lui demanda sa profession, elle hésita un instant, elle ne savait comment se qualifier. Le fonctionnaire insista : « Ce que je vous demande, c'est si vous avez un travail. » « Bien sûr », répondit-elle, « j'ai un travail, je suis mère ! » « Désolé madame, mais nous ne considérons pas cela comme une occupation professionnelle. Je vais donc mettre "sans profession" » dit froidement le fonctionnaire.
Une de ses amies fut informée de l'évènement et pendant quelque temps médita sur le sujet. Un jour, elle se retrouva dans la même situation. Le fonctionnaire, efficace, la questionna : « Quelle est votre profession ? » Avec un naturel sans pareil, elle répondit : « Je suis agrégée en développement infantile et ressources humaines. »
Le fonctionnaire eut un air stupéfait et elle répéta lentement la réponse. Après avoir noté, le fonctionnaire osa demander : « Puis-je savoir ce que vous faites exactement ? » Avec calme et sérénité, elle expliqua : « Je développe une thèse, un programme à long terme à l'intérieur et à l'extérieur du milieu familial. » Pensant à sa famille, elle continua : « Je suis à la tête d'une équipe et j'ai en charge plusieurs projets concernant des enfants d'âges divers. Je travaille à plein temps sans limite d'horaire et en exclusivité. Le degré d'exigence est de 14 heures par jour, et je suis amenée à être disponible les nuits et les week-ends. » Au fur et à mesure qu'elle décrivait ses responsabilités, elle remarqua dans l'attitude du fonctionnaire de plus en plus de respect et d'admiration. Lorsqu'elle rentra chez elle, elle fut reçue par son équipe : son mari et ses trois enfants. Elle pensa à toute la noblesse de sa charge de mère, à ses multiples responsabilités et aux heures interminables de plein et entier dévouement. Elle pensa qu'elle était bien « agrégée en développement infantile et en relations humaines ». Dans ce monde où les titres et les diplômes ont tant d'importance, où on exige de plus en plus de spécialisation, elle pensa qu'elle aurait pu ajouter « agrégée spécialisée dans l'art de rendre la vie meilleure ».

Raconté par
Guy Gilbert

LE FOULARD BLANC

Un adulte de 20 ans avait sali ses parents. Le genre d'affaire qui détruit un peu la réputation des parents. Et le père a dit à Jean qui avait mal agi : « Jean, fous le camp ! Et ne remets plus jamais les pieds à la maison ! » Alors, Jean est parti, la mort dans l'âme, mais il est parti. Quelques semaines plus tard, pris de remords, il se dit : « Je suis vraiment une ordure, un salaud ; il faut que je demande pardon à mon père. » Mais il avait tellement peur que son père le jette de la maison qu'il préfère lui écrire : « Papa, vraiment, je vous ai salis, je te demande pardon. Je voudrais tant revenir à la maison. Je t'écris, je te mets pas d'adresse. J'ai tellement peur que tu me dises non. Si tu me pardonnes, mets un foulard blanc sur le pommier devant la maison, je t'en prie. Tu sais, la grande allée des pommiers qui conduit à la maison. Mets un foulard blanc sur le dernier pommier. » Quelque temps plus tard, il dit à son frère et ami Marc : « Je t'en supplie, Marc, accompagne-moi. Je dois savoir. Voilà ce que nous allons faire. Je conduirai jusqu'à la maison. À cinq cents mètres de la maison, tu prendras le volant, je me mettrai à côté, à la place du passager. Là, je fermerai les yeux. Lentement, tu descendras l'allée des pommiers. Tu t'arrêteras. S'il y a un foulard blanc, alors je foncerai à la maison... S'il n'y a pas de foulard blanc, jamais plus je ne reviendrai. » Ainsi dit, ainsi fait. À cinq cents mètres, Jean donne le volant à Marc, s'assied à la place du passager, ferme les yeux et lentement la voiture descend la grande allée de pommiers, jusqu'au dernier pommier devant la maison. Et Jean, les yeux fermés, demande à Marc : « S'il te plaît, Marc, mon ami, mon frère, dis-moi si mon père a mis le foulard blanc sur le pommier, devant la maison ! » Et Marc de lui répondre : « Non, Jean, il n'y a pas un foulard sur le pommier devant la maison. Il y en a des centaines, tout au long de l'allée... »

Millésime

Pascal
Obispo

Sur les coteaux en pente
Les vallons amoureux
Un rayon de soleil
Est passé sur nous deux
J'attendais de ce ciel
Qu'il me fasse juste un signe
Et je vois mon château
Sortir du cœur des vignes
Tu es mon millésime
Ma plus belle année
Pour ce bonheur en prime
Que tu m'as donné
Je suis à jamais ta terre
C'est ça être père

Après autant d'amour
La saison des vendanges
On récolte le fruit
Le meilleur des mélanges
La bouche est ronde et pleine
Et le nez si discret
Quel prénom allait-on bien
pouvoir te donner?
Je ne sais pas de quoi
Notre histoire sera faite
Mais je me sens porté
Un jour est une fête
Quelques notes légères
Les regards qui caressent
Et je gagne en amour
comme on gagne en noblesse
C'est ça être père...

TÉMOIGNAGE

de : Kelly, 15 ans

TOI, PÈRE INDIGNE

« On t'a donné le nom de père mais tu n'es pas digne de ce nom. On t'a laissé une seconde chance, mais tu ne l'as pas saisie. Qui es-tu pour faire du mal ainsi autour de toi ? Qui es-tu ? Vas-y, réponds-moi... Ah oui bien sûr, quand on demande des comptes, il n'y a plus personne mais pour filer en douce, ça tu es fort. Je ne peux pas te juger, car je ne te connais pas assez. Pourtant tu es censé être mon père... Mais je tiens à te le dire, où que tu sois, quoi que tu fasses, ton pardon ne sera pas accepté... Car aux yeux d'un enfant, à mes yeux, tu étais tout. Tu n'avais pas le droit de nous abandonner deux fois comme tu l'as fait et continue de le faire. Tu n'avais pas le droit de m'abandonner. Quelles que soient les raisons de ton départ, de tes absences, tu es pour moi un père INDIGNE, tu es tout simplement un étranger, un homme à qui je ne pourrais jamais pardonner... Si je suis si dure avec toi, c'est parce que, étant plus jeune, tu étais pour moi le plus parfait des pères, le plus beau, le plus drôle... Mais un jour tu es parti et puis tu n'as plus donné signe de vie. Moi, comme une conne, j'espérais ton retour, mais j'ai bien eu tort... Tous mes rêves de petite fille se sont évanouis, tu m'as brisé ce plaisir... Aujourd'hui encore j'essaie de comprendre ton départ, tes absences, ton choix de nous avoir abandonnés. Mais rien à faire je ne trouve pas de raisons valables. Le seul et unique même mot me revient toujours en tête, tu es un père INDIGNE... Pourtant sache que je t'ai aimé. »

Ta fille

LE CADEAU DU PARDON

Recueilli par Charles Delhez

Tim Guénard, a été abandonné à l'âge de 3 ans. Battu par son père, il a grandi en maison de correction. Jeune, il deviendra chef de bande…

« Le grand cadeau que Dieu m'a fait, c'est le pardon. » Ne pas pardonner, explique-t-il, c'est s'enchaîner à son passé. Au début de ce chemin, Tim pensait qu'il avait réussi à pardonner à son père, mais seulement « intellectuellement ». Il ne voulait plus le voir. Cependant, à force d'entendre des gens l'inviter à pardonner, il s'est décidé à le rencontrer. Moment très émouvant ! Son père accepta son pardon, mais ne put se pardonner à lui-même. Tim décida alors de lui envoyer des cartes postales pour lui donner des nouvelles de sa femme et de ses enfants. Ainsi, le présent est-il devenu plus fort que le passé et son père a pu se pardonner à lui-même. « Il faut en effet accepter que cela prenne du temps. Un bon paysan sème, puis « il se casse », et quand il revient, il peut alors récolter sept ou huit remorques de blé. » Le pardon est comme une chaîne et on a envie qu'elle s'agrandisse. Le bout de cette chaîne sans fin, c'est Dieu. Et lorsque l'on ne veut pas entrer dans la dynamique du pardon, on entre dans celle de la maladie. Quand on a souffert à cause de quelqu'un, le danger est de déclarer : « Je n'oublierai pas, je ne pardonnerai pas. » C'est ainsi que l'on fait entrer cette souffrance en soi. « Pardonner, ce n'est pas oublier, c'est savoir vivre avec sa souffrance pour ne jamais la reproduire. J'ai été battu par mon père. Me le rappeler, c'est devenir vigilant quant à ma propre violence. Je sais que je suis fils d'alcoolique, fils de la violence. Il me faut avoir de la délicatesse avec moi-même. C'est le cadeau que mon père m'a fait : je suis devenu vigilant. Je ne suis pas sur Terre pour reproduire, mais pour renouveler, pour innover. »

DEUX FRÈRES

Une nuit, le roi Salomon sort de son palais, incognito. Devant lui, un champ coupé en deux par un sentier. Tout à coup, à gauche, un homme sort de l'ombre. Il prend des gerbes du champ de gauche et les transporte dans le champ de droite.

- « Un voleur, se dit Salomon ! » En tout, l'homme a transporté cinquante gerbes. L'homme disparaît mais, de droite, une autre ombre surgit qui transporte cinquante gerbes du champ de droite vers le champ de gauche.

- « Ces voleurs méritent une punition», se dit Salomon.

Le lendemain, Salomon les convoque à son tribunal. Il fait entrer le premier.

- « Voleur ! »

- « Seigneur, je n'ai jamais rien volé de ma vie, je le jure ! »

- « Et ces cinquante gerbes que tu as transportées cette nuit ? Tu ne peux nier, je t'ai vu... »

- « Ah, Seigneur, écoutez ! A leur mort, mes parents nous ont légué un champ. Mon frère et moi l'avons partagé en deux. Moi, je suis célibataire, tandis que mon frère a une femme et trois enfants, donc quatre bouches à nourrir avec un champ qui est le même que le mien. Je lui ai proposé de l'aider en lui donnant quelques gerbes de mon champ, mais il n'a rien voulu entendre. Alors, la nuit, je transporte quelques gerbes dans son champ... »

Salomon fait entrer l'autre homme qu'il a surpris la nuit à transporter des gerbes.

- « Voleur ! »

- « Ah, Seigneur, écoutez. Mes parents nous ont légué un champ. Mon frère et moi l'avons partagé en deux. Moi je suis marié et j'ai trois enfants. Même s'ils ne sont pas bien grands, ils peuvent m'aider. Mon frère, lui, est célibataire et pour cultiver son champ, il doit engager des journaliers. Je lui ai proposé de l'aider en lui donnant quelques gerbes de mon champ, mais il n'a rien voulu entendre. Alors la nuit, je transporte quelques gerbes dans son champ... »

Des frères et sœurs pour apprendre à aimer

TRANSFUSION

Nous voici en Inde. Dans une ville du Sud de ce sous-continent, une fillette de six ans se mourait d'une maladie grave dont son grand frère avait réchappé peu de temps auparavant.

Aujourd'hui, ce garcon se portait bien ; mais sa sœur était très malade. Un jour donc, un médecin dit à ce garçon : « Seule une transfusion de ton sang pourra sauver la vie de ta petite sœur : es-tu prêt à donner de ton sang ? Acceptes-tu cela pour elle ? » Alors, les yeux du garçon s'écarquillent de peur ; a-t-il bien compris ce que le médecin vient de lui demander? Quoi qu'il en soit, il hésite de longs instants, avant de répondre finalement : « Bien, docteur, j'accepte de le faire, pour ma sœur... »

Une heure après le prélèvement de sang et la transfusion immédiate, la petite sœur se met à remuer et à sourire. C'est alors que le garçon interroge le médecin, en hésitant : « Dites-moi, docteur, quand est-ce que moi, je vais mourir ? » C'est seulement à ce moment que le médecin a réalisé la crainte qu'avait éprouvée ce garçon : il avait vraiment pensé qu'en donnant son sang, il donnerait sa vie pour sa sœur. Et pourtant, il avait bien dit : « Oui ! »

J'AI UNE FAMILLE COMPLIQUÉE

TÉMOIGNAGE

de : Antoine, 14 ans

« Je m'appelle Antoine, et je collectionne les cartes postales. J'en ai déjà beaucoup... toutes celles que Patrick, le mari de ma mère, m'a données de la collection qu'il faisait autrefois. Puis mes frères, enfin les enfants de Patrick, partent camper chaque année en France avec leur maman, ils visitent plein de villes et me rapportent des cartes très chouettes. Avec eux, Maman et Patrick, nous allons en Italie lors des prochaines vacances et hop encore des cartes à acheter ! Mon père, lui, a épousé Nadine et ils viennent d'avoir une petite fille. Avec Lisa, la fille de Nadine qui a trois ans, on va aller en Tunisie mais pas de visite avec les petites sœurs et puis il fera trop chaud ! Mais le papa de Lisa m'aime bien et il va souvent aux États-Unis, il a promis de penser à moi. Je sais, certains de mes copains disent que j'ai une grande famille très compliquée. C'est vrai : quand c'est la date du camp ou la journée pédagogique, il faut toujours que je calcule si c'est la semaine de papa ou celle de maman, c'est parfois compliqué... Mais comme dit Patrick : "Avec beaucoup d'amour et un peu de bonne volonté, ça peut toujours s'arranger." »

DE QUELLE MAMAN SUIS-JE L'ENFANT ?

Il était une fois deux femmes
Qui ne s'étaient jamais
rencontrées

Une dont tu ne te souviens plus.
L'autre que tu appelles Maman.

Deux vies différentes
Dans l'accomplissement d'une seule,
La tienne.

L'une fut ta bonne étoile,
L'autre est ton soleil.

La première te donna la vie,
La seconde t'apprit comment la vivre.

La première créa le besoin d'amour,
La seconde était là pour le combler.

L'une te donna ses racines,
L'autre t'offrit un nom.

L'une te procura la graine du talent,
L'autre te proposa un but.

L'une créa l'émotion,
L'autre calma tes angoisses.

L'une reçut le premier sourire,
L'autre sécha les larmes.

L'une t'offrit en adoption,
La pauvre, c'est tout
ce qu'elle pouvait t'offrir...
L'autre pria pour avoir un enfant,
Et Dieu la mena vers Toi.

Et maintenant, quand en pleurant,
Tu me poses l'éternelle question :
De qui suis-je le fruit ?

De l'une et de l'autre, mon enfant,
Tout simplement
De deux formes différentes d'amour.

Mes grands-parents sont formidables...

PAROLE DE PSY

Les mamans enseignent aux enfants les lois et les règles de la vie, alors que les grands-mères leur enseignent l'art de vivre, ce qui n'est écrit nulle part.

TÉMOIGNAGE

de : Aurélie

« Mes grands-parents sont formidables... Mais ils ne ressemblent en rien aux images que l'on voit dans les livres d'enfants ! Point de grand-mère aux cheveux blancs avec chignon qui tricote au coin du feu... La mienne fait de la gymnastique et suit des cours de philo à l'université du troisième âge. Elle anime des groupes de jeunes, adore Harry Potter et court le monde du Mali au Guatemala ! La seule chose comme autrefois, c'est qu'elle fait des tartes délicieuses. Avec celle aux pommes qu'elle m'a apprise, je me souviendrai d'elle bien après qu'elle ne sera plus là. Mon papy, lui, est un génie de l'informatique et je vais souvent lui demander des conseils. J'oubliais de dire qu'à soixante ans sonnés, il s'est mis à apprendre l'allemand ! Et depuis septembre, il s'est inscrit à un cours d'arabe. Ils sont pourtant toujours présents pour leurs petits-enfants : dépannage, petite enveloppe discrète aux moments où on est à sec, vacances imprévues ou simples promenades au cœur historique de la ville... Et puis surtout, quelles confidences on peut leur faire... Mamy ne s'évanouit pas quand Manon lui demande comment on embrasse un garçon ou quand Sébastien lui raconte ses bêtises à l'école. C'est bizarre, ils sont vieux en âge mais si jeunes de cœur. »

LA BIBLE

« Ta femme sera dans ta maison
comme une vigne généreuse
tes fils autour de la table
comme des plants d'olivier. »

Psaume 128

6

PARDON...

UNE NOUVELLE CHANCE

Charles Delhez

Un roman de Victor Hugo, Les Misérables, porté à l'écran par Robert Hossein, illustre à merveille la victoire du pardon sur le mal.

Jean Valjean, bagnard de longue date, vient d'être libéré. Il arrive un soir chez un vieil évêque rayonnant de bonté. Celui-ci l'invite à sa table et lui offre le coucher. Durant la nuit, Jean dérobe les couverts en argent. En cours de route, il est intercepté par des gendarmes. Il prétend qu'il a reçu ces couverts en cadeau. Guère convaincus, les gendarmes le conduisent à l'évêque. « Eh bien, lui dit ce dernier, pourquoi n'avez-vous pas emporté aussi les chandeliers en argent. Vous pourrez bien en tirer deux cents francs. » Les gendarmes, tout confus, s'excusent auprès de l'évêque. Ceux-ci partis, l'évêque s'adresse à Valjean : « N'oubliez pas ! Vous m'avez promis d'employer cet argent-là à devenir honnête homme. » Jean, qui n'a rien promis, en reste tout interdit. Mais il poursuit : « Jean Valjean, mon frère, vous n'appartenez plus au mal, mais au bien. C'est votre âme que je vous achète ; je la retire aux pensées noires et à l'esprit de perdition, et je la donne à Dieu. »

La vie de ce forçat en est complètement transformée. Jean se dévouera corps et âme au service des plus pauvres. Comme le regain qui, les années de mauvaise récolte, vient rendre l'espoir de fenils pleins, le pardon donne une nouvelle chance au bien.

LES HUIT MARCHES DU PARDON

- Choisir de ne plus rencontrer ses ennemis. LES ÉVITER. Au moins pour un moment.
- Ne pas en rajouter sur leur méchanceté dans LA MÉMOIRE que j'ai du mal qu'ils ont fait.
- ÉVITER DE DIRE DU MAL d'eux sur leur dos, en leur absence.
- PRIER POUR EUX, sans qu'ils le sachent, sans leur dire, avec les sentiments qui sont les miens à ce moment.
- Leur trouver une qualité, TROUVER DU BIEN EN EUX, caché dans leur personnalité.
- Commencer à DIRE DU BIEN de cette personne, sans naïveté.
- LUI DIRE ou LUI ÉCRIRE des choses positives, recommencer une communication.
- L'AIMER. Si tu as gravi lentement les sept marches précédentes, ce sera sans doute possible... Tu ressembleras un peu plus à Dieu qui fait luire son soleil sur les bons comme sur les méchants.

d'après Philippe Marsset

LE FIL À NOEUDS

Un vieux rabbin racontait :
Chacun de nous
est relié à Dieu par un fil.
Et lorsqu'on commet une faute,
le fil est cassé.
Mais lorsqu'on regrette sa faute,
Dieu fait un nœud dans le fil.
Du coup, le fil est plus court qu'avant...
Et le pécheur est plus près de Dieu.
Ainsi, de faute en repentir,
de nœud en nœud,
nous nous rapprochons de Dieu.
Finalement, chacun de nos péchés
est l'occasion de raccourcir d'un cran
le fil à nœuds et d'arriver plus vite
près du cœur de Dieu.

Charles Delhez

CE SONT DES IGNORANTS

« L'homme est toujours plus grand que sa faute »

dit Guy Gilbert aux prisonniers qu'il visite. Il y a toujours une dose d'ignorance dans le mal que l'on fait. Rare est le mal que l'on fait par pur plaisir. Il y a toujours un bien trompeur qui pervertit notre jugement. L'être humain ne se réduit pas à la méchanceté dont il est capable, il reste toujours en lui – si minime soit-elle – une part de bonté qui, cette fois-ci, n'a pas eu le dernier mot. Jésus en croix a réussi à trouver des circonstances atténuantes : « Ils ne savent pas ce qu'ils font... » Ce sont des ignorants. « Pardonne-leur ». Au « bon larron », au malandrin qui est à côté de lui, il promet le meilleur : « Aujourd'hui même, tu seras avec moi dans le royaume. » Ne serait-ce pas cela, l'amour ? Voir en l'autre la part qu'il y a encore moyen de sauver, ce qui reste en lui d'aimable ?

Alors, le pardon devient possible.

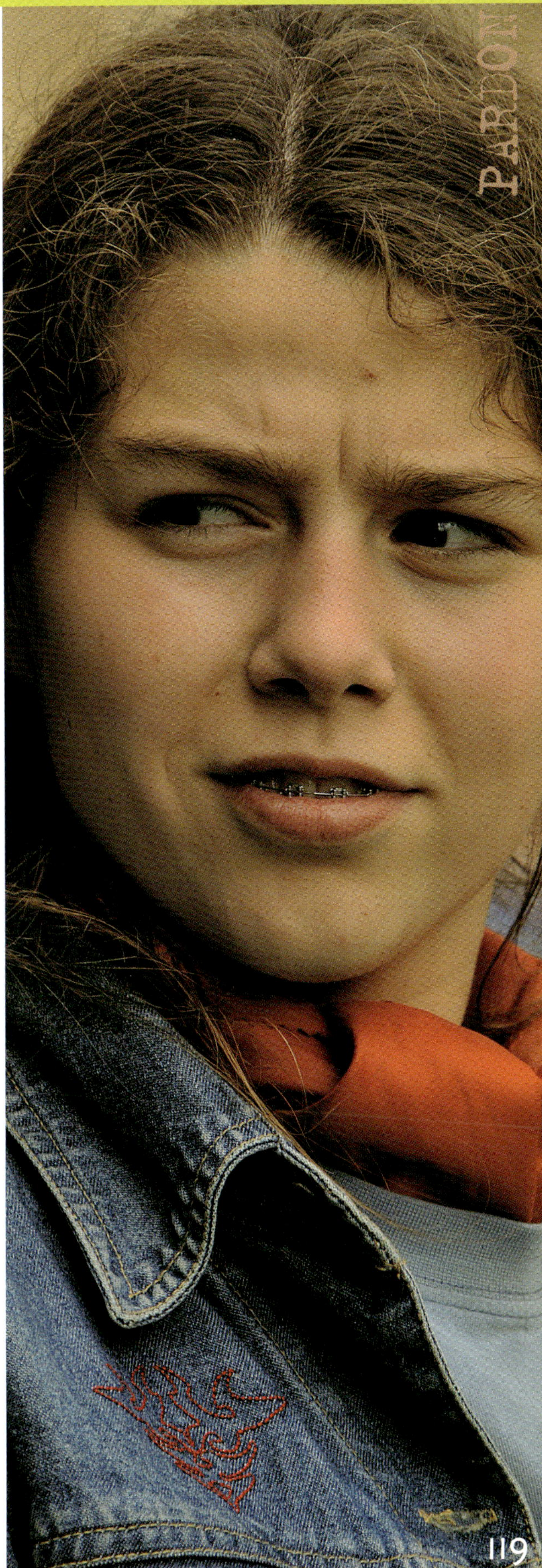

UN AMOUR MATERNEL

Pendant la Deuxième Guerre mondiale, quatre Belges ont été envoyés en camp de travail forcé dans une grosse ferme allemande. La fermière, veuve, y vivait seule, ses sept fils, tous soldats, ayant été envoyés sur le front russe. Les quatre jeunes reçurent un bon accueil. Après le souper, précédé et suivi de la prière, elle les conduisit à la grange pour la nuit.

Le travail de la ferme s'organisa. Un jour, une mauvaise nouvelle arriva: un des fils de la fermière avait été tué au front. Le soir même, celle-ci prit une décision étonnante : "L'un de vous peut prendre ses affaires. Je lui donne la chambre de mon fils mort !" Une deuxième nouvelle s'ensuivit : un autre fils était tué au combat. La fermière adopta la même attitude. Puis l'on annonça la mort du troisième et du quatrième. Chacun des quatre Belges eut désormais sa chambre.

Quelques semaines plus tard, un officier nazi arriva un soir à la ferme pour remercier cette femme qui avait donné ses sept fils à la patrie, les derniers ayant été tués à la bataille de Stalingrad. « Le Führer en personne, lui dit-il, m'envoie vous féliciter pour ce grand exemple. Vous pouvez dès lors demander ce que vous voulez... » Qu'allait-elle bien pouvoir demander ? Une récompense financière ? Mais elle répondit au délégué du Führer : « Je demande que ces quatre-ci soient renvoyés dès demain dans leur pays ! Car je sais ce que c'est d'avoir des fils au loin et d'en souffrir ! » Dès le lendemain, les jeunes Belges rentraient chez eux.

LA CONFESSION DE GANDHI

À l'âge de quinze ans, Gandhi se rendit coupable de vol, pour aider son frère qui s'était endetté. « Je jurai, dit-il, de ne plus jamais voler et je résolus, malgré le chagrin que j'allais lui causer, de tout avouer à mon père. En effet, comment me purifier sans une parfaite confession ! Je pris la résolution d'écrire cet aveu et de le lui soumettre en implorant son pardon. Je réclamais aussi une punition en rapport avec ma faute. La lettre se terminait par une prière dans laquelle je suppliais mon père de ne pas se punir lui-même à cause de ma faute. Je lui tendis le message et je m'assis à côté de lui. Des larmes coulaient sur ses joues comme des perles et humectaient le papier à mesure qu'il en poursuivait la lecture. Mon père ferma un instant les yeux, puis déchira la lettre. Il s'allongea de nouveau. Ma confession avait complètement rassuré mon père à mon sujet et avait augmenté au-delà de toute mesure l'affection qu'il avait pour moi.

« Père je ne mérite
pas d'être appelé ton fils. »
La Bible

Didier Decoin, écrivain (Prix Goncourt), dans une interview, raconte comment une personne qui lui a fait du mal, l'a profondément marqué. Jusqu'alors, le pardon lui semblait facile. Puis, un jour :

Le pardon me parut alors invraisemblable — comme hors nature : « Mon Dieu, ai-je dit à Dieu, autant essayer de respirer dans l'eau, ou de faire de la bicyclette à la surface du soleil, vous devez bien comprendre ça, non ? » Eh bien non, Dieu ne comprend pas ça. C'est même une des rares choses pour lesquelles j'ai l'impression que Dieu ne fait strictement aucun effort de compréhension. Peut-être parce qu'Il sait que le pardon ne demande après tout aucun acte héroïque, simplement un retournement de pensée.

LA GRÂCE DE PARDONNER

LA BILBE

« Pardonner aux hommes,
les prendre en pitié,
c'est une œuvre
plus grande que
la création du monde. »

Saint Thomas
d'Aquin

« Pierre demanda à Jésus :
Combien de fois mon frère
pourra-t-il pécher contre moi
et devrai-je lui pardonner ?
Irai-je jusqu'à sept fois ?
Jésus lui dit : Je ne
te dis pas jusqu'à sept fois,
mais jusqu'à soixante-dix
fois sept fois. »

Jésus
de Nazareth

7

Au gré des rencontres

Un sourire ne coûte rien et produit beaucoup,
il enrichit ceux qui le reçoivent sans appauvrir
ceux qui le donnent. Il ne dure qu'un instant
mais son souvenir est parfois éternel. Personne
n'est assez riche pour s'en passer, personne n'est
assez pauvre pour ne pas le mériter. Il crée
le bonheur au foyer, soutient les affairés,
il est le signe sensible de l'amitié.
Un sourire donne du repos à
l'être fatigué, rend du courage
aux plus découragés. Il ne peut
ni s'acheter, ni se prêter, ni se
voler, car c'est une chose
qui n'a de valeur qu'à
partir du moment où il
se donne. Et si quelquefois
vous rencontrez une
personne qui ne sait
plus avoir le sourire,
soyez généreux,
donnez-lui le vôtre
car nul n'a autant
besoin d'un sourire
que celui qui
ne peut en donner
aux autres.

UN SOURIRE

Frank Irving Fletcher

Nous avons bxsoin
dxs uns xt dxs autrxs,
y as-tu pxnsx ? Lis simplxmxnt
cx txxtx pour t'xn convaincrx

Il n'y a pas dx dxfaut à cxttx machinx,
sauf unx touchx qui fonctionnx mal.
Lxs quarantxs cinq autrxs touchxs
fonctionnxnt trxs bixn,
mais cxttx sxulx xt uniqux touchx
qui fait dxfaut provoqux unx sxrixusx
diffxrxncx, vous nx trouvxz pas ?

Ainsi vous pourrixz vous dirx par xxxmplx
qux vous xtxs sxulxmxnt unx unitx
xt qux cxla nx fait donc pas la diffxrxncx
sxlon qux vous coopxrixz ou non.
Mais cxttx façon dx voir xst xrronxx;
lxs autrxs ont bxsoin dx vous,
ils comptxnt sur vous !
La prochainx fois qux vous pxnsxrxz
nx pas xtrx important,
rappxlxz-vous cxttx machinx à xcrirx.
Xn xffxt, %mag%nxz
qux dxux touchxs fonct%onnxra%xnt mal...

Xt qux d%rx s'%l y xn &v&%t tro%s,
vo%rx qu&;rx s%mul;&nxmxn;
En fait, nous sommes
complémentaires et interdépendants.

Les gens sans importance

Ce sont des gens
sans importance
Avec des gestes quotidiens
Qui font renaître l'espérance
Et le bonheur entre leurs mains.

Ce sont des gens sans artifice
Qui vous sourient
quand ils sont bien
Et vont cacher leurs cicatrices
Parmi les fleurs de leurs jardins.

Ils ont le cœur un peu fragile
Et la pudeur de leurs chagrins
Leur donne un doux
regard tranquille,
Un peu lointain.

Ce sont des gens
sans importance
Et qui parfois ne disent rien
Mais qui sont là par leur silence,
Quand ils sont loin.

Yves Duteil

UNE NUIT DE NOËL

RENCONTRES

Une nuit de Noël, dans les rues de Paris, un promeneur rencontre un clochard. Ému d'une si évidente détresse, il met la main à la poche, manifestant le désir de lui donner quelque argent. Le clochard lui dit alors : « Non, de l'argent, tout le monde m'en donne. Il y en a même qui me parlent. Mais si tu veux faire quelque chose pour moi, écoute-moi, car moi aussi, je voudrais parler à quelqu'un. »

Gonzague Motte

Encore un matin

Jean-Jacques
Goldman

Un matin, ça ne sert à rien
Un matin
Sans un coup de main
Ce matin
C'est le mien, c'est le tien
Un matin de rien
Pour en faire
Un rêve plus loin

Encore un matin
Ou juge ou coupable
Ou bien victime ou bien capable
Encore un matin, ami, ennemi
Entre la raison et l'envie
Matin pour agir
ou attendre la chance
Ou bousculer les évidences
Matin innocence,
matin intelligence
C'est toi qui décides du sens

Un matin, ça ne sert à rien
Un matin
Sans un coup de main
Ce matin
C'est le mien, c'est le tien
Un matin de rien
Pour en faire
Un rêve plus loin

Quatre heures du matin. Un peu trop bu sans doute. La voiture qui fait une embardée. Le crash. Dimitri, le chauffeur, est tué sur le coup. Sa copine, à l'arrière, s'en sort presqu'indemne. André, 20 ans, est entre la vie et la mort. Ancien chef scout, André est très apprécié dans son quartier. Son sort ne laisse personne indifférent. Tout le monde veut savoir, veut aider. Mais que faire ? Téléphoner, c'est obliger les parents à donner quinze fois par jour les mêmes nouvelles, et ils ont autre chose à faire. Pareil pour le mail. Alors, la sœur d'André a une idée de génie : créer un blog. Tous les jours, c'est promis, elle donnera des nouvelles de son frère. Et l'info se répand comme une traînée de poudre. Les visites à ce blog se comptent par dizaines puis par centaines. Chacun suit, jour après jour, l'évolution de la santé d'André et laisse, selon son inspiration, un mot d'encouragement à la famille proche. « Courage » ; « André, tu nous manques ! » ; « On prie pour vous... » Aujourd'hui, André se remet lentement dans un centre spécialisé. Il a pu découvrir, il y a peu, tous les messages laissés sur le blog. On imagine son émotion !

LE BLOG DE L'AMITIÉ

Jean Hanotte

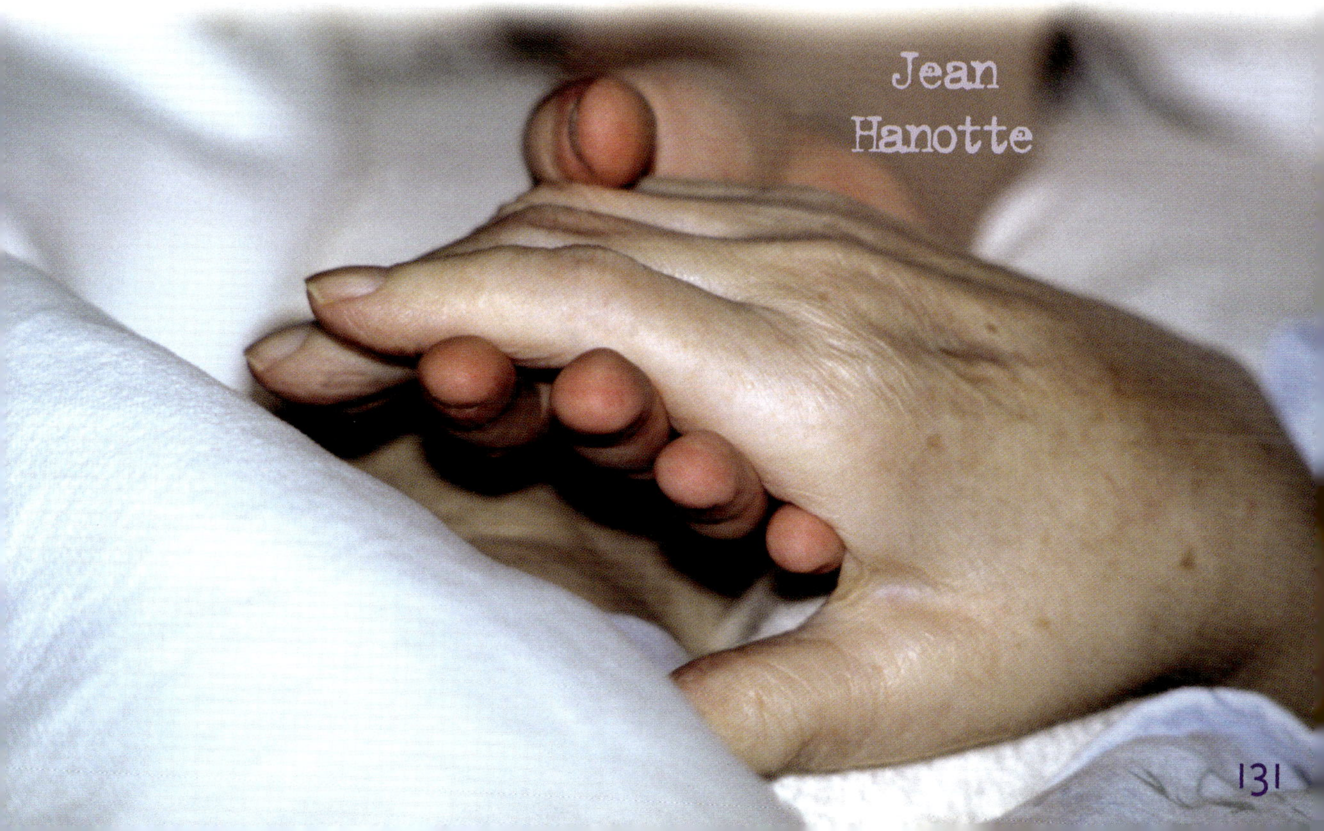

UN SIÈGE VOUS ATTEND EN 1ère CLASSE

La scène qui suit se passe lors d'un vol de la compagnie British Airways, entre Johannesburg et Londres ; et on nous assure bien que le récit est authentique... Une femme blanche, d'une cinquantaine d'années, a son siège d'avion juste à côté d'un monsieur africain noir. Visiblement perturbée, elle appelle bientôt l'hôtesse de l'air : « Quel est votre problème, madame ? » demande l'hôtesse.

« Mais vous ne le voyez donc pas ? répond la dame. Vous m'avez placée à côté d'un Noir : je ne supporte pas de rester à côté de l'un d'eux... Donnez-moi de suite un autre siège. » « Calmez-vous, madame, s'il vous plaît. Presque toutes les places de ce vol sont prises ; mais je vais aller voir s'il reste une autre place disponible. »

L'hôtesse de l'air s'éloigne alors ; elle revient quelques minutes plus tard : « Madame, comme je le pensais, il n'y a plus aucune place libre dans la classe économique. J'ai parlé au commandant, et il m'a confirmé qu'il n'y a plus de place dans la classe "hommes d'affaires". Toutefois, nous avons encore une place en première classe...»

Et avant que la dame ne puisse faire le moindre commentaire, l'hôtesse précise : « Il est tout à fait inhabituel, dans notre compagnie, de permettre à une personne de la classe économique de s'asseoir en première classe ! Mais, vu les circonstances, le commandant trouve qu'il serait scandaleux d'obliger quelqu'un à s'asseoir à côté d'une personne aussi désagréable... »

S'adressant alors à l'Africain, l'hôtesse lui dit avec un large sourire : « Donc, monsieur, si vous le souhaitez, prenez votre bagage à main, car un siège en première classe vous attend ! »

L'on raconte que les autres passagers, qui avaient assisté un peu choqués à toute la scène, se levèrent pour applaudir. Peu après, l'avion décollait pour Londres !

« Le sexisme comme le racisme commence par la généralisation. C'est-à-dire la bêtise. »

Christiane Collange

TÉMOIGNAGE

de : Luc et Marielle

« Notre fils Louis de 17 ans s'est fait racketter dans le métro, assez violemment, en pleine journée, par trois jeunes très agressifs qui lui ont volé son portefeuille, sa montre, son mobile, sa veste. Il est rentré furieux et révolté. Après avoir porté plainte au commissariat, nous lui avons dit : "Que vas-tu faire maintenant ?" "Les retrouver et leur casser la gueule !" Inutile de parler de pardon... Après quelques semaines, nous lui avons tout de même suggéré d'envisager le pardon. Mais il nous a répondu : "Impossible, je les hais..." Nous lui répondons : "Le pardon est-il sentiment ou volonté de vouloir le bien de l'autre par-delà le mal qu'il nous a fait, même si on ne l'aime pas ?" Silence... Plusieurs semaines passent et un de ses copains lui propose de venir donner un coup de main dans une structure de soutien scolaire d'un quartier défavorisé de la ville. Il accepte et finit par s'y investir pour plus qu'un coup de main. Et dernièrement, il nous dit : "Eh, les parents ! Vous vous souvenez de votre idée de pardon ? Je me demande si je n'y suis pas arrivé, finalement : car tous ces petits que je vois sont des futurs loubards si on ne s'en occupe pas. Peut-être qu'en leur faisant du bien, je pardonne à leurs frères ?" »

LE CLOCHARD ET LA BELLE DAME

Les gens attendaient un tram...
Un clochard en profitait pour tendre la main
à ceux qui étaient sur le quai.
Une belle dame aussi attendait.
Le tram arrive, tout ce petit monde embarque.
On paie en montant.
Zut ! dit la dame, j'ai oublié mes papiers et
mon argent. Elle offre de payer avec un chèque...
On n'a pas le temps, madame !
Le monsieur qui la précédait :
« Je ne saurais vous aider, je n'ai que ma carte et
pas de monnaie. » Derrière elle, c'était le clochard...
D'un regard il a compris. « Demain, dit-elle,
je vous rendrai le double... » « Mais bien sûr,
ma petite dame, je sais ce que c'est... »
Et le clochard, sans hésiter, dépanne la belle
dame. Et c'était lui le plus heureux : quelqu'un
avait besoin de lui !

N'ATTENDEZ PAS QU'IL SOIT MORT...

Willy Gettemans

Un malade, un solitaire, avait espéré en vain notre passage. Il disait de nous, à la femme de ménage : « Voilà bien longtemps qu'on ne les a vus ! » Et, sans trop y croire, il nous découvrait des excuses. Le beau temps qui mobilise au jardin ou le mauvais temps qui retient au coin du feu : tous les prétextes sont bons. Peut-être pensait-il (mais cela ne se dit pas) : « Je ne suis plus intéressant pour eux ! » De semaine en semaine, nous avons, en effet, reporté notre visite. Un avis nécrologique nous a rappelés à l'ordre.

« N'attendez pas qu'il soit mort ... », allez donc vite faire visite à ce vieil oncle sans héritage, à cette cousine malodorante, à ce voisin teigneux qui vous a volé 25 centimètres de terrain. Sans quoi, votre présence, demain, à ses funérailles, n'aurait guère de sens : lui, il ne vous y verra pas et vous, vous ne serez même pas remercié par la famille qu'il n'a plus. Mais aujourd'hui, votre visite, les trois roses de votre jardin ou votre ravier de fraises des bois auront pour lui un goût inoubliable. Un goût d'éternité... Si vous n'attendez pas qu'il soit mort pour aller à son enterrement.

Il changeait la vie

ean-Jacques
Goldman

Il changeait la vie
C'était un cordonnier,
sans rien d'particulier
Dans un village
dont le nom m'a échappé
Qui faisait des souliers
si jolis, si légers
Que nos vies semblaient
un peu moins lourdes
à porter

Il y mettait du temps,
du talent et du cœur
Ainsi passait sa vie
au milieu de nos heures
Et loin des beaux discours,
des grandes théories
A sa tâche chaque jour,
on pouvait dire de lui
Il changeait la vie

C'était un professeur,
un simple professeur
Qui pensait que savoir
était un grand trésor
Que tous les moins
que rien n'avaient
pour s'en sortir
Que l'école et le droit
qu'a chacun de s'instruire

C'était un p'tit bonhomme,
rien qu'un tout
p'tit bonhomme
Malhabile et rêveur,
un peu loupé en somme
Se croyait inutile, banni
des autres hommes
Il pleurait sur son saxophone

Ooooh le vilain ! qui n'en fait qu'à sa guise, comme si je n'existais pas ! ... et avale mes appareils électriques !
D. Foy

Le Dieu unique est accueilli

dans les trois mystérieux visiteurs de Mambré.

« Aux chênes de Mambré
le Seigneur apparut à Abraham,
qui était assis à l'entrée de la tente.
C'était l'heure la plus chaude du jour.
Abraham leva les yeux, et il vit trois hommes
qui se tenaient debout près de lui. Aussitôt,
il courut à leur rencontre, se prosterna
jusqu'à terre et dit : Seigneur, si j'ai pu
trouver grâce à tes yeux, ne passe pas sans
t'arrêter près de ton serviteur.
On va vous apporter un peu d'eau, vous vous
laverez les pieds, et vous vous étendrez sous
cet arbre. Je vais chercher du pain, et vous
reprendrez des forces avant d'aller plus loin,
puisque vous êtes passés près de votre serviteur !
Ils répondirent :
C'est bien. Fais ce que tu as dit. »

Livre
de la Genèse

8

SANS OUBLIER PERSONNE

POUR DEUX DOLLARS

Que feriez-vous avec deux dollars ? Vous achèteriez un simple jus de fruit dans un café, un journal, la moitié d'un magazine, un hamburger dans un fast-food, sans les frites ni la boisson. Bref, vous ne pourriez survivre plus de quelques jours.

On évalue actuellement à environ 209 millions, soit 18 % de la jeunesse mondiale, le nombre de jeunes qui vivent avec moins d'un dollar par jour, et à 515 millions, soit près de 45 %, ceux qui vivent avec moins de deux dollars par jour. La moitié de la population mondiale vit donc avec moins de deux dollars par jour.

Combien de temps faut-il travailler pour s'offrir un Big Mac ?

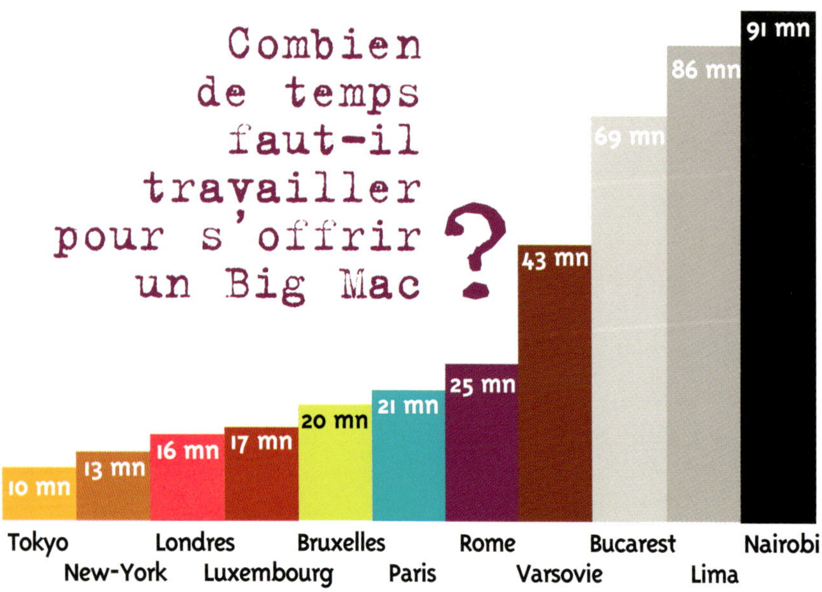

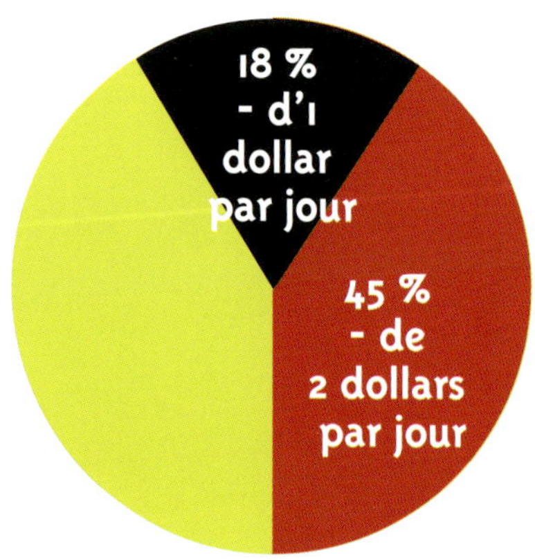

Ne vis pas sur cette terre
à la façon d'un locataire.
Ou bien comme
en villégiature
dans la nature.
Vis dans ce monde
comme si c'était
la maison de ton père.

Crois aux grains,
à la terre, à la mer.
Mais avant tout à l'homme.
Aime le nuage,
la machine et le livre.
Mais avant tout aime l'homme.

Sens la tristesse
de la branche qui se dessèche,
de la planète qui s'éteint,
de l'animal infirme.
Mais avant tout
la tristesse de l'homme.

Que tous les biens terrestres
te prodiguent la joie.
Que l'ombre et la clarté
te prodiguent la joie.
Que les quatre saisons
te prodiguent la joie.
Mais avant tout que l'homme
te prodigue la joie.

Nazim
Hikmet

NE PAS MOURIR IDIOTS

Nous avons accumulé des tonnes de savoir dans tous les domaines. Mais nous ne savons pas partager avec 50 millions d'humains qui meurent de faim chaque année !

Nous avons des moyens de communication extraordinaires (téléphone, télévision, télématique, satellites...) Mais nous savons mal communiquer avec le plus proche de nos voisins.

Nos pays riches ont profité de la société de consommation. Mais nous nous sommes laissé consommer par l'insatisfaction, l'inquiétude, la peur, l'individualisme !

Nous pouvons voyager sur terre, dans l'espace, au fond des mers... Mais nous refusons la plus belle aventure d'une vie d'homme : l'exploration des capacités de son propre cœur...

Il n'est pas question de retourner à l'âge de pierre. Les progrès peuvent servir le bien de l'humanité s'ils sont partagés équitablement...

Mais il y a une question qui résume toutes les autres, et que nous devons nous poser si nous ne voulons pas mourir idiots. Pourquoi l'homme d'aujourd'hui a-t-il une tête si pleine (par son savoir), des bras si forts (par les moyens techniques), mais un cœur si petit ?

TÉMOIGNAGE

de : Jérome

« Il s'appelait Iqbal Masih. Il avait 12 ans. Le lundi 17 avril 1995, il a été criblé de balles dans son petit village au Pakistan. Il s'était rendu célèbre en témoignant, en novembre 94 à Stockholm, sur le sort de millions d'enfants réduits à l'état d'esclaves au service des fabricants de tapis. Vendu par ses parents à l'âge de 4 ans à un marchand de tapis (pour cent cinquante de nos euros), Iqbal est détenu pendant six ans comme esclave, enchaîné douze heures par jour à un métier à tisser. Les industriels du tapis pakistanais emploieraient des millions de petites mains dans leurs usines. Dès 6 ans, ils travaillent de 12 à 16 heures par jour, rivés à leur chaise, avec une seule interruption dans la journée. Les enfants sont recherchés car, avec leurs doigts minuscules, ils sont capables de faire des nœuds plus petits que les adultes, ce qui confère davantage de valeur aux tapis. À 10 ans, sa rencontre avec Ehsan Ullah Khan, l'animateur d'un front de libération pakistanais contre le travail forcé des enfants, change le cours de sa destinée. Il défie son maître et revendique sa liberté. Mû par un extraordinaire et étonnant courage, ce jeune chrétien a mené une campagne afin de demander aux pays occidentaux de boycotter les tapis d'Orient. On l'a vu sillonner les capitales étrangères pour alerter l'opinion internationale sur le martyre que doivent endurer les enfants du Pakistan. Sa croisade finit par produire des effets dans son propre pays et au printemps 94, un accord de coopération liant le Pakistan et le BIT (Bureau International du Travail) sur un programme national de lutte contre le travail des enfants est signé. Iqbal assassiné, bâillonné à jamais, demeurera un champion de la croisade contre toutes les formes contemporaines d'esclavage dont sont victimes les enfants. »

L'HOMME QUI TE RESSEMBLE

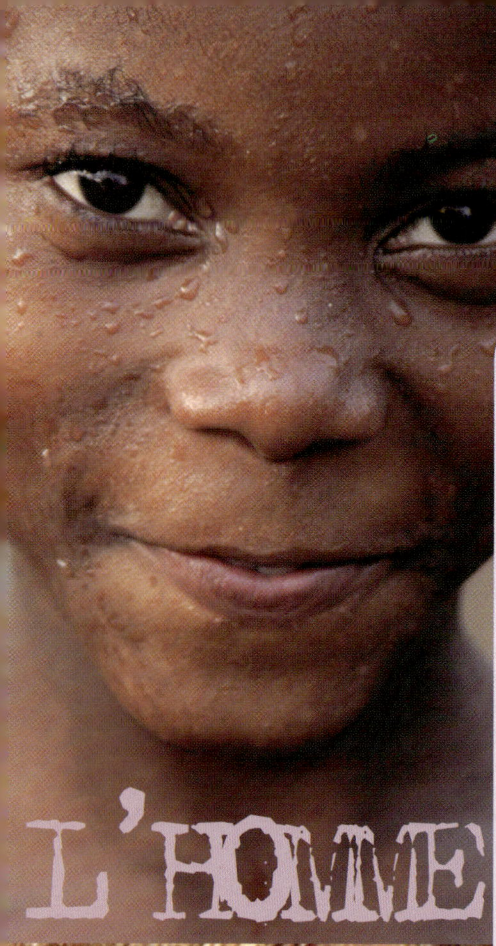
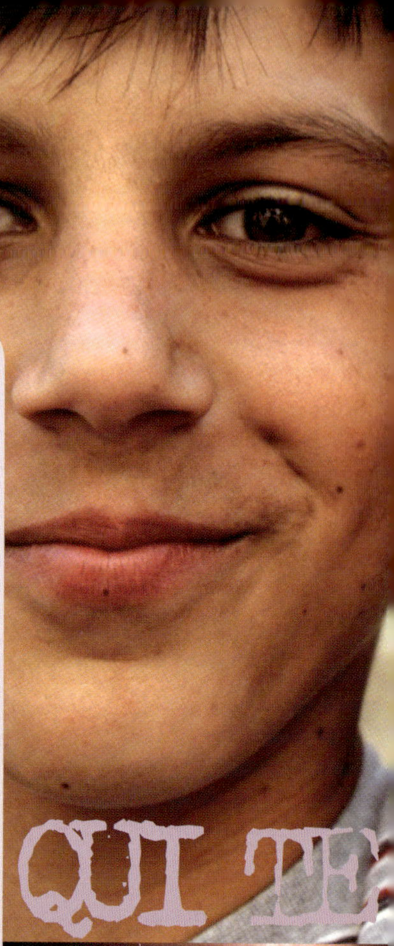

« J'ai frappé
à ta porte j'ai frappé
à ton coeur
pour avoir bon lit,
pour avoir bon feu.
Pourquoi me repousser ?
Ouvre-moi mon frère !...
Pourquoi me demander
si je suis d'Afrique,
si je suis d'Amérique,
si je suis d'Asie,
si je suis d'Europe ?
Ouvre-moi mon frère !...
Pourquoi me demander
la longueur de mon nez,
l'épaisseur de ma bouche,
la couleur de ma peau
et le nom de mes dieux ?
Ouvre-moi mon frère !...
Je ne suis pas un Noir
je ne suis pas un Rouge
je ne suis pas un Jaune
je ne suis pas un Blanc
mais je ne suis qu'un homme.
Ouvre-moi mon frère !...
Ouvre-moi ta porte
ouvre-moi ton cœur
car je suis un homme
l'homme
de tous les temps
l'homme de tous les cieux. »

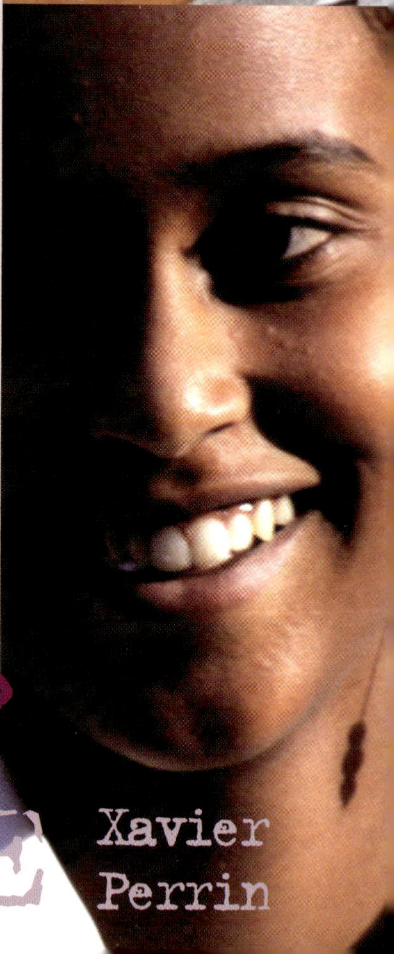

Pierre Imberdis

Xavier Perrin

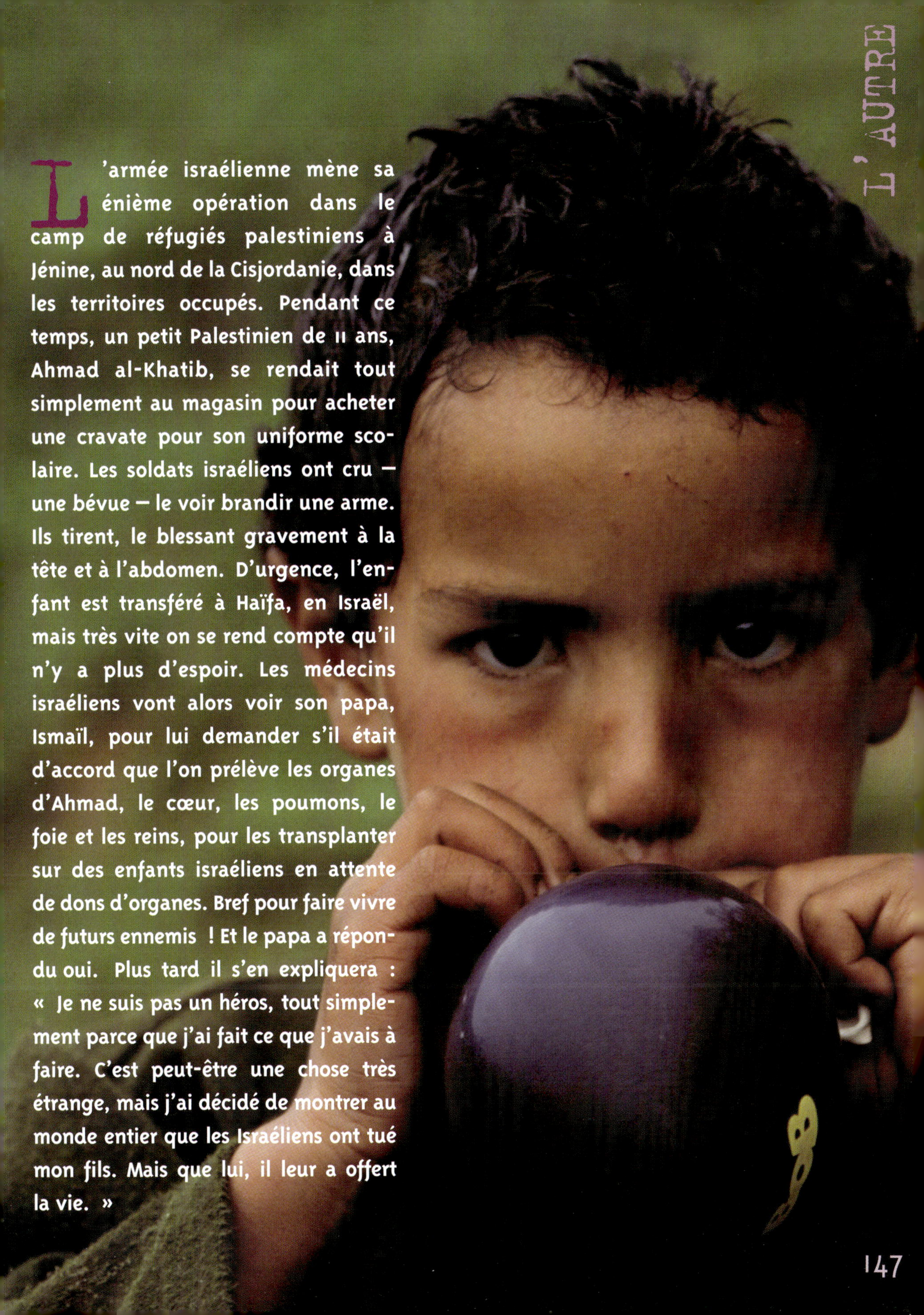

L'armée israélienne mène sa énième opération dans le camp de réfugiés palestiniens à Jénine, au nord de la Cisjordanie, dans les territoires occupés. Pendant ce temps, un petit Palestinien de 11 ans, Ahmad al-Khatib, se rendait tout simplement au magasin pour acheter une cravate pour son uniforme scolaire. Les soldats israéliens ont cru – une bévue – le voir brandir une arme. Ils tirent, le blessant gravement à la tête et à l'abdomen. D'urgence, l'enfant est transféré à Haïfa, en Israël, mais très vite on se rend compte qu'il n'y a plus d'espoir. Les médecins israéliens vont alors voir son papa, Ismaïl, pour lui demander s'il était d'accord que l'on prélève les organes d'Ahmad, le cœur, les poumons, le foie et les reins, pour les transplanter sur des enfants israéliens en attente de dons d'organes. Bref pour faire vivre de futurs ennemis ! Et le papa a répondu oui. Plus tard il s'en expliquera : « Je ne suis pas un héros, tout simplement parce que j'ai fait ce que j'avais à faire. C'est peut-être une chose très étrange, mais j'ai décidé de montrer au monde entier que les Israéliens ont tué mon fils. Mais que lui, il leur a offert la vie. »

L'AMOUR EST PARTOUT

La nature
seule est bonne,
qui se réprime
pour ne point
faire à autrui
ce qui ne
serait pas bon
pour elle.

Mazdéisme

Considère
que ton
voisin gagne
ton pain
et que ton
voisin perd
ce que
tu perds.

Taoïsme

Telle est
la somme
du devoir :
ne fais
pas aux autres
ce qui à toi
te ferait
du mal.

Hindouisme

Ce que
tu tiens
pour haïssable,
ne le fais pas
à ton prochain.
C'est là toute la Loi ;
le reste n'est que
commentaire.

Judaïsme

Ne blesse
pas autrui
de la
manière
qui te
blesserait.

Bouddhisme

Voici
certainement
la maxime d'amour :
ne pas faire aux autres
ce que l'on ne veut pas
qu'ils vous
fassent.

Confucianisme

Ainsi
tout ce que
vous désirez que
les autres fassent
pour vous, faites-le
vous-mêmes pour eux :
voilà la Loi
et les Prophètes.

Christianisme

Nul
de vous
n'est un croyant
s'il ne désire pour
son frère ce qu'il
désire pour
lui-même.

Islam

Agis de telle sorte
que tu traites l'humanité
aussi bien dans ta personne
que dans la personne
de tout autre, toujours,
en même temps, comme
une fin et jamais comme
un moyen.

Humanisme

En solidarité avec l'Afrique
et la faim dans le monde :
soirée bol de riz pour Mimi !
D. Foy

TÉMOIGNAGE

de : Pierre, 18 ans

« J'avais 18 ans et envie de mourir. Épuisé, écœuré, j'étais complètement déprimé, avec l'impression de tirer un râteau dans les feuilles mortes jusqu'à ce qu'il s'en amasse tellement que je ne pouvais plus avancer. Mais je désirais mourir sans souffrir et l'idée me vint de recourir au cyanure, que j'imaginais aussi rapide qu'indolore. Mais comment s'en procurer sans attirer l'attention ? Je préférai en fabriquer moi-même, avec les notions de chimie apprises au lycée. Mais l'expérience échoua... Et le gaz ? Ce serait plus efficace... C'est alors qu'on sonna à la porte d'entrée. Sans doute le facteur ? Si je n'ouvrais pas, il sonnerait chez la voisine qui faisait le ménage chez nous. Elle allait apporter le colis, se mettre au travail... et m'empêcher de me suicider. J'allai donc ouvrir. Dehors il faisait extrêmement froid cet hiver-là. Il avait dû faire vingt-cinq degrés au-dessous de zéro la nuit précédente. À la porte se tenait un mendiant. Il avait passé la nuit dehors. On l'avait envoyé chez nous parce que ma mère s'occupait des pauvres de la paroisse. Ma mère n'était pas là. Que faire ? J'hésitais à l'envoyer rapidement promener pour revenir à mon dessein. Mais il tremblait. Ses mains étaient bleues de froid... J'étais tellement abruti que c'est le souvenir d'une lecture qui me guida : faire entrer cet homme et lui offrir un café chaud. Il resta assez longtemps, peut-être deux heures, le temps de se réchauffer, avant de pouvoir boire et manger. Il me demanda un peu d'argent : on lui proposait un travail mais il n'osait pas se présenter avec ses cheveux longs et sa barbe hirsute, il voulait passer d'abord chez un coiffeur. Je lui donnai ce qui me restait d'argent de poche. Et, après son départ, je pris dans le porte-monnaie familial de quoi aller au cinéma pour penser à autre chose. Accueillir un plus pauvre que moi m'a sauvé ! »

Je suis dans l'admiration devant la jeunesse d'aujourd'hui, qui est capable de se donner corps et âme, de se fatiguer, d'aller jusqu'au bout de ses forces quand le but a un sens. Je parle de quoi ? Je parle de jeunes que j'ai vu venir pour des chantiers dans les bidonvilles du Caire, pour remplacer les cabanes en vieux bidons troués par des petits logements en dur. Ils ont travaillé sous 35°/40° et plus de chaleur car là, lorsque tu construis, tu travailles sous le soleil. C'était souvent des étudiants de l'université. Il y avait pas mal de Belges, ce sont eux qui ont commencé. Et puis il y eut des Français, des Suisses, des Italiens, des Allemands, des Anglais... Mais c'était toujours le même Souffle. Ces jeunes, je ne pouvais pas les arrêter. Je me souviens d'un jour où j'étais très fâchée. Ils devaient rentrer pour se reposer un peu, pour prendre une douche, que sais-je ? Ils n'arrivaient pas. J'étais très inquiète. Lorsque la jeep est arrivée, le chauffeur m'a dit : « Ils ne voulaient pas monter. Ils voulaient continuer à travailler ! » Ils titubaient ! Mais leur réponse : « Ma sœur, nous partons bientôt. Nous allons finir les logements avant de partir, peu importe notre fatigue. »

Soeur Emmanuelle

Que tu le veuilles ou non, ton sort dépend aussi de ce qui arrive aux autres

Martin Gray

Le chrétien qui fait de la politique - qui veut la faire « en chrétien » - doit agir avec désintéressement, cherchant non pas sa propre utilité ni celle de son groupe ou de son parti, mais le bien de tous et de chacun, et donc avant tout le bien de ceux qui, dans la société, sont les plus désavantagés.

Jean-Paul II

Il y a dans les pays d'Europe de vastes ilôts de pauvreté. Le Tiers Monde est aussi parmi vous, parmi les pauvres qui sont chez vous en Europe, ces émigrés qui cherchent du travail, qui sont plus ou moins bien accueillis, qui logent dans des conditions souvent misérables. Vous, les Européens, qui parlez volontiers du développement du Tiers-Monde, n'oubliez pas vos propres problèmes de développement. En ne travaillant pas à une solution chez vous, vous justifiez chez nous le déséquilibre de la misère.

Dom Helder Camara

Cette déclaration d'une femme aborigène australienne prend toute sa valeur : « Si vous venez pour m'aider, vous perdez votre temps. Mais si vous êtes venus parce que vous avez compris que VOTRE libération est liée à la mienne, alors travaillons ensemble. »

Stephen Kim

ENVOIE-NOUS DES FOUS

Ô Dieu, envoie-nous des fous
qui s'engagent à fond,
qui s'oublient, qui aiment
autrement qu'en paroles,
qui se donnent pour de vrai
et jusqu'au bout. Il nous faut
des fous, des déraisonnables,
des passionnés, capables de
sauter dans l'insécurité,
l'inconnu toujours plus béant
de la pauvreté. Il nous faut des
fous du présent, épris de vie
simple, amants de la paix,
purs de compromission,
décidés à ne jamais trahir,
méprisant leur propre vie,
capables d'accepter n'importe
quelle tâche, de partir n'importe
où, à la fois obéissants, spontanés
et tenaces, doux et forts.
Ô Dieu, envoie-nous des fous.

Louis-Joseph
Lebret

Tout petit monde

Jean-Jacques Goldman

C'est un tout petit monde
Où s'abritent nos saisons
Petite boule ronde
Sous les ailes d'un avion
Et partout des gens qui dansent
Pour oublier un instant
La nuit et le silence
Et les peines du présent

C'est un tout petit monde
L'eau, le soleil et le sel
Les naissances et les tombes
Et l'essentiel et le ciel
Partout la même prière
D'une mère qui attend
Que baisse la fièvre
Dans les mêmes yeux d'enfant

C'est un tout petit monde
Fragile au creux de nos mains
Balançant ses secondes
Entre tellement et rien
Et partout la même histoire
De pouvoirs à partager
Et si peu de mémoire
Du sang des larmes versées

Et partout déteignent et règnent
Nouveaux rois sans philosophe
Le rock, le dollar, les antennes
Coca et kalachnikov.
Coca et kalachnikov.

LA CARTE DU MONDE

Le père lit son journal tranquillement, mais son petit enfant vient à côté de lui. Il essaie de l'écarter, de le repousser, mais le petit insiste. Alors le père, pour l'occuper, mais surtout s'en débarrasser, prend une carte du monde qu'il avait sous la main, la déchire en morceaux et donne les morceaux à l'enfant en disant : « Va donc reconstituer la carte du monde, et après tu reviendras me voir quand tu auras recollé les morceaux. » Le petit enfant se prête au jeu, et le père se dit : « Je suis tranquille pour un bon moment ; avant qu'il ne reconstitue la carte, j'ai le temps de lire mon journal. » Mais très peu de temps après, le petit enfant revient vers son père.

- « Ça y est, papa, j'ai refait la carte du monde ! » Le père étonné lui demande :
- « Comment as-tu fait pour la recoller si vite ? »
- « Eh bien, papa, c'est pas difficile. Derrière, il y avait la photo d'un homme. Pour refaire le monde, j'ai refait l'homme. »

Supposons
que l'un de nos
frères ou l'une de
nos sœurs n'ait pas de
quoi s'habiller, ni
de quoi manger tous
les jours ; si l'un
de vous lui dit :
Rentrez tranquillement
chez vous ! Mettez-vous
au chaud, et mangez
à votre faim ! Et si
vous ne leur donnez
pas ce que réclame
leur corps, à quoi cela
sert-il ? Ainsi donc,
celui qui n'agit pas,
sa foi est bel
et bien morte.

Saint
Jacques

SOURCES

Ch. 1 : S'aimer soi-même

10. Extrait de la revue *Il est vivant*, n° 163, juillet-août 2000, p. 21.
11. Extrait du livre *Je rêve d'amour*, Pierre Imberdis, Éditions Droguet & Ardant, 1985, p. 31.
12. *Le cheval dans la pierre*, source inconnue.
13. *Celui-là, c'est pas un cadeau*, extrait de la revue *Initiales*, n° 52, janvier 1985.
14-15. *Les dix commandements de la vie*, d'après Anne Tardy, *Les plus beaux textes pour célébrer une union*, Librio © E.J.L. 2007, p. 52.
16. *Recommence*, Robert Loesel, texte inédit.
17. Skalyne, *Le lien de papier*, Eupen, 2007 'http://leliendepapier.be.ma'.
18. Claire Ruwet, 'http://www.zestedestime.acrf'.
19. Extrait du livre *Le courage d'être soi*, Jacques Salomé, Éditions du Relié, Gordes, 1999.
20. ACRF, *Un zeste d'estime*, Fiche pédagogique n° 2, page 1, 'http://www.zestedestime.acrf'.
21. *Les ballons noirs sont tout aussi bon*, extrait de *Histoires d'humour et de sagesse*, T. 2, Anthony De Mello, Éditions Bellarmin/Desclée de Brouwer, 1992, p. 118.
22. Charles Delhez, texte inédit. Ce texte a été écrit à la suite d'une rencontre avec une jeune fille qui avait fait lire son journal personnel. Si les mots ne sont pas tous d'elle, les intuitions le sont.
    Sculpture d'Hedwige De Puydt,« Starend » : « Avec le regard fixé ».
23. Extrait du livre *Prière intérieure*, Henri Caffarel, Éditions Épiphanie, Kinshasa, p. 95.
26. *Ma philosophie*, paroles et musique : Blair Mackichan, adaptateurs : Amel Bent et Mélanie Georgiades, Universal Music Publishing MGB.
27. Isaïe 49, 16. Isaïe 49, 19. Chant n° 136 inspiré du psaume 139 et tiré du dossier *Heureux les yeux*. Session Renouveau Beauraing, Belgique.

Ch. 2 : Amis pour toujours

34-35. D'après Jorge Luis Borges.
38. *Beau mais fragile*, Charles Delhez, extrait du journal *Dimanche,* 22 place de Vannes, Mons, Belgique.
40-41. Isabelle Herpoel, texte inédit.
42. Céline Dion, *D'amour ou d'amitié*, Paroles : Eddy Marnay - Musique : Jean-Pierre Lang et Roland Vincent, Éditions : Budde Music France.
43. *Les béatitudes de l'amitié*, Charles Delhez, texte inédit.
    Sculpture - Musée de l'Holocauste Yad Vashem, Israël.
44. *Apprivoise-moi*, extrait du livre *Le petit prince*, Antoine de Saint-Exupéry, Éditions Gallimard, 1946.
45 Jean 15, 13.

Ch. 3 : Je suis amoureux

50. Témoignage de Julie, extrait du n° spécial de la revue *Il est vivant*, 50 questions sur la vie et l'amour, p. 5.
51. Hélène Ségara, *Cœur de verre*, extrait de l'album *Cœur de verre*, Bambino, Paris, 1996 Hélène Ségara – Matthieu Valmur / Thierry Geoffroy – Christian Loigerot.
52. Extrait du livre *La sexualité… tout simplement*, Luc Crépy et Marie-Noëlle Fabre, Éditions de l'Atelier, 2002, p. 119-120.
54. Sculpture d'Hedwige De Puydt, « Weerspiegeld in groen » : « Reflété en vert ».
55. *L'homosexualité*, extrait du livre *Découvrons l'amour*, Denis Sonet, Éditions Droguet & Ardant, 1990.
58. Extrait du livre *Éducation sexuelle… ou affective*, Paule Molitor-Peffe, Éditions Feuilles familiales, 1991.
61. Dessin extrait de *Croquis langage*, Éditions FNP, Gilly.
62. Témoignage d'Olivia, 13 ans et demi, extrait du livre *Sexoados*, Catherine Solano, Éditions Marabout, 2002, p. 115.
63. *L'amour est à faire*, extrait du livre *Quand est venu le temps d'aimer*, Jean Puyo et Jean Le Du, Éditions Droguet & Ardant, 1974, p. 110.
64. Témoignage de Carine, 17 ans, extrait du livre *Sexoados*, Catherine Solano, Éditions Marabout, 2002.

65. Jenifer, *Donne-moi le temps*, paroles : Pierre Lorain, musique : SO © 2002 Gofinho music DR.
67. *Petite médication pour chagrin d'amour*, extrait du livre *Découvrons l'amour*, Denis Sonet, Éditions Droguet & Ardant, 1990.
68. Dessin extrait de *Croquis langage*, Éditions FNP, Gilly.
72. Extrait du livre *Apprendre à vivre sa sexualité*, Éric de Beukelaer, Éditions Fidélité/Éditions des Béatitudes, 2007, p. 82.
73. Genèse 1, 27.

Ch. 4 : Donner la vie

76. 1) Extrait du livre *Le mariage... tout simplement*, Xavier Lacroix, Éditions de l'Atelier/ Éditions Ouvrières, Paris, 1994.
2) Extrait du livre *Découvrons l'amour*, Denis Sonet, Éditions Droguet & Ardant, 1990.
77. Extrait du livre *Être heureux en famille*, Dominique Megglé, Éditions Droguet & Ardant, 1973.
78. Texte inédit de Monique Chavanon.
79. Jean 16, 21.
81. Fabienne Marsaudon, *Hymne à la Vie* © Éditions Monte-Cristo, France, 2002 - www.montecristo-editions.com (site de l'artiste : www.fabienne-marsaudon.com).
83. *Je t'ai guetté, mon corps*. Paroles et Musique : Mannick, extrait de l'album *Paroles de femmes*, 1976.
84-85. Témoignage recueilli par Charles Delhez.
86. 1) Critique littéraire de Charles Delhez parue dans le journal *Dimanche* - 22 place de Vannes, Mons, Belgique - sur le livre de Monique Hébrard, *Avortement : la parole confisquée*, Desclée de Brouwer.
2) Témoignage cité dans le livre *Le traumatisme post-avortement*, Florence Allard, Jean-Régis Fropo, Éditions Salvator, Paris 2007.
88. Jean-Paul II, *Evangelium Vitae, L'Évangile de la vie*, (59) - Luc 9, 48.
Sculpture du catalan Estanislao Feliu.
89. Cardinal Philippe Barbarin, Archevêque de Lyon, 9 Décembre 2003.
91. Cité dans le livre *Le mariage... tout simplement*, Xavier Lacroix, Éditions de l'Atelier/Éditions Ouvrières, Paris, 1994, page 113.
92. Isaïe 49, 15.

Ch. 5 : Famille chérie

94. Source inconnue.
95. Extrait du livre *Les services de garde en milieu scolaire*, Steve Musson, Presses Universitaires de Laval, 2002, p. 62.
96. André Comte-Sponville.
97. Extrait du livre *Le prophète*, Khalil Gibran, Éditions Casterman, 1956.
98. 1) Extrait du livre *Murmures à un bébé qui vient de naître*, Anne-Laure Fournier Éditions Le Ray, Bayard, 2000.
2) *Votre amour*, paroles et musique de Mannick, extrait de l'album *Je suis Ève*, 1979.
99. Yves Duteil, *Prendre un enfant*, Éditions La Martinière, Paris, 2004.
100. *L'enfant préféré*, source inconnue.
101. Extrait du livre *Prière intérieure*, Henri Caffarel, Éditions Épiphanie, Kinshasa, p. 83.
103. Source inconnue.
104. *Les foulards blancs*, extrait du livre *Récits et paraboles de vie*, t. 2, Pierre Mourlon Beernaert, Lumen Vitae, 2006.
105. *Millésime*, Paroles : Julie D'Aimé. Musique : Pascal Obispo - Calogero, © 2001 Atletico music.
106. *Kelly*, texte inédit.
107. D'après le journal *Dimanche*, 22 place de Vannes, Mons, Belgique.
108. *Deux frères*. Source inconnue.
109. Auteur inconnu.
111. *Le legs de l'enfant adopté*, texte anonyme, adaptation d'un poème en anglais affiché à l'entrée de la fondation K.B.F. de Manille.
113. Psaume 128 (127), 3.

Ch. 6 : Pardon...

117. D'après un texte du Père Philippe Marsset, revu par Charles Delhez pour l'émission, *Le jour du Seigneur*, homélie du 22 février 2004.
118. Texte inédit, d'après une histoire racontée par le Père Pirnay.
119. Extrait de *Pénitence et réconciliation. Faut-il encore se confesser ?*, Rodolphe de Robiano, M.E.M., 1983, p. 18 – Évangile selon Saint Luc, 15, 21.
121. Charles Delhez, texte inédit.
122. Extrait de *Didier Decoin*, coll. Regain, Éditions Fidélité/Médiaspaul, 1993, p. 21-23.
123. Évangile selon Saint Matthieu, 18, 21-22.

Ch. 7 : Au gré des rencontres

126. Traduction du texte de Franck Irving Fletcher extrait du livre de Dale Carnegie *How to Win Friends & Influence People*, Classic The Times, 2007.
127. Extrait de *Des portes s'ouvrent*, Université de paix, Namur, Belgique, p. 49.
128. Yves Duteil, *Des gens sans importance*, Éditions La Martinière, Paris, 2004.
129. Extrait du livre *Homélies pour une année (année C)*, Gonzague Motte, Éditions Salvator, Paris, 1970, p. 38.
130. *Encore un matin*, Paroles et Musique : Jean-Jacques Goldman, 1984, JRG.
131. Livre de la Genèse 18, 1-5.
132. Texte paru dans le journal *Ter Eusemm,* Belgique.
135. Source inconnue.
136. Texte extrait du livre *C'est ma vie*, Willy Gettemans, Éditions Fidélité, 1995, p. 129.
137. *Il changeait la vie*, Paroles et musique : Jean-Jacques Goldman, 1987, JRG.
139. Texte inédit de Jean Hanotte d'après une histoire vraie.

Ch. 8 : Sans oublier personne

142. 1) Extrait d'un rapport mondial de l'ONU en octobre 2005, site Internet : http://www.un.org/french/pubs/chronique/2005/numero3
2) Extrait d'un article Internet : Population Data Net : http://www.populationdata.net/pauvrete/2-dollars-par-jour.php.
143. Texte inédit de Nazim Hikmet.
144. Extrait de *Escales vers la Confirmation* paru dans la revue *Direct Jeunes* n° 106, octobre 95, p. 32.
145. Texte résumé de *Direct Jeunes* n° 106, octobre 95.
146. Extrait de *Même Si*, Pierre Imberdis et Xavier Perrin, Éditions Droguet & Ardant, 1974.
147. *En Israël et en Palestine*, Philippe Brewaeys. Texte extrait de la revue *Le Soir Magazine* n° 3831, 23 novembre 2005.
148. Mazdéisme (Dadistan/UDinik, 94,5) - Taoïsme (T'ai Shang Kan Ying Pien) - Hindouisme (Mahabarata, V) - Judaïsme (Talmud, XXXIa) - Bouddhisme (Cldana Uarqa, V, 18) - Confucianisme (Analectes, XV, 23) - Christianisme (Matthieu 7,12) - Islam (Sunnah) — Humanisme (Kant, *Métaphysique des mœurs*).
150. Extrait de la revue *Il est vivant* n° 163, p. 55.
151. Interview de Sœur Emmanuelle par Jacques Prémont, extrait de la revue *Direct Jeunes*, n° 129, janvier 1998.
152. 1) Extraits de la *Lettre apostolique* de Jean Paul II qui proclamait, le 31 octobre 2000, saint Thomas More patron des responsables de gouvernement et des hommes politiques.
2) Extrait de *Même Si*, Pierre Imberdis et Xavier Perrin, Éditions Droguet & Ardant, 1974.
153. Extrait de la revue *Direct Jeunes* n° 106, octobre 1995 p. 33.
154. Texte inédit de Louis-Joseph Lebret, o.p.
155. *Tout petit monde*, Paroles et musique : Jean-Jacques Goldman, 1987, JRG/NEF.
156. Extrait de la revue *Direct*, n° 118, mars 1988.
157. Lettre de Saint Jacques, 2, 15-17.

CRÉDITS PHOTOS

- © Agence Esprit-photo.com : pp. 6, 8 et 9, 10, 16, 17, 19, 23, 27, 28 et 29, 30 et 31, 32, 33, 35, 45, 50, 53, 58, 61, 63, 64, 66, 68, 69, 70, 72, 73, 74, 76, 77, 78, 79, 82, 87, 88, 90, 91, 92 et 93, 94, 95, 96, 100, 104, 106, 114, 117, 119, 122, 123, 124 et 125, 131, 132, 134, 135, 136, 140 et 141, 143, 144, 146, 151, 152, 153, 154, 157 et les rabats de couverture 1 et 2.
- © Philippe Debruyne : pp. 4 et 5, 11, 14 et 15, 18, 22, 35, 40, 41, 43, 48 et 49, 52, 54, 57, 62, 67, 84 et 85, 89, 97, 108, 109, 110, 120, 121, 129, 139, 142, 145, 147, 155.
- © Charles Delhez : pp. 14, 15, 17, 34, 36, 56, 91, 112, 113 et 150.
- © Paulo Teia : pp. 12, 13, 24, 111, 133 et 146.
- © Jean-Louis Gros : p. 76.
- © Antoine Fiévet : p. 151.
- © Véronique Degieter : p. 126.
- © Dominique Foy : illustrations pp. 25, 39, 71, 102, 138 et 149.
- © Isabelle de Senilhes : illustrations pp. 20, 44, 101, 116, 118, 132 et 133.